스콧 교수의
인생 경제학

THE
ALGEBRA
OF
HAPPINESS

스콧 교수의
인생 경제학
투자와 지불의 법칙

스콧 갤러웨이 지음 | 박수성 옮김

SCOTT
GALLOWAY

쌤앤
파커스

나의 아버지,

조지 토마스 갤러웨이George Thomas Galloway를 위해

차례

인생의
전략

2002년에 나는 뉴욕대학교 스턴 경영대학원 교수진에 합류했다. 이미 5,000명이 넘는 학생들이 나의 '브랜드 전략' 수업을 수강했다. 학생들은 조지아 주 출신의 해병대 병사부터 인도 델리에서 온 IT 컨설턴트까지 실로 다양하고 인상적이다. 이들은 돈, 전략, 소비자 행동에 대한 시간적 가치를 배우기 위해 수업을 듣지만, 우리가 함께하는 동안 브랜드 전략은 인생 전략으로 방향이 바뀌어버리기 일쑤다. 어떤 커리어를 선택해야 할까? 성공하려면 무엇부터 어떻게 시작해야 할까? 어떻게 해야 야망도 키우면서 인격도 성장하는 조화를 이룰 수 있을까? 40대, 50대, 아니면 80대가 되어 후회하지 않으려면 지금 무엇을 해야 할까?

　가장 인기 있는 시간인 마지막 3시간짜리 강의에서 '행복의 대수학'이라는 이름으로 이런 질문들을 다룬다. 이 시간에 우리는 성공, 사랑, 그리고 잘 산 인생이란 어떤 것인지에 대해 고민한다. 2018년 5월에 이 수업의 축약본을 유튜브에 올렸는데, 동영상을 올린 지 열흘 만에 조회수가 100만 회를 뛰어넘었다. 당시 내 전작《플랫폼 제국의 미래》를 냈던 출판사는 어서 그 책의 후속작을 쓰자고 나를 달달 볶고 있었는데, 내가 '다음 책은 행복에 관한 내용'이라고 통보하자 경악스러움을 감추지 못했다.

　내게는 사람들에게 인생을 이렇게 살아야 한다고 조언할 만한 어떠한 자격도, 학문적인 성과나 신뢰할 만한 근거도 없다. 몇 차례나 사업을 말아먹었고, 34살에 이혼 서류에 도장을 찍었다. 또한 최근에는 역사상 가장 성공한 벤처 캐피털리스트에게 내가 세운 회사 L2의 재정 후원자들에게 연락해서 L2에 투자하지 말라고 권고하게 만들기도 했다. 농담 아니다. 그렇게 권고한 이유는 내가 '제정신이 아니어서'였다. 참고로 말하자면, 여하튼 제너럴 캐털리스트는 투자를 강행했고 성과도 좋았다(이건 진짜다).

너 같은 녀석은 대학 같은 데 갈 필요도 없다

사실, 내 삶에서 성공의 골자를 찾아보려면 눈을 아주 가늘게 뜨고 봐야 한다. 나는 1970년대에 캘리포니아에서 자랐는데 그냥 비쩍 마르고, 숫기 없고, 특별한 구석이라고는 전혀 없는 아이였다. 성적도 그저 그랬고, 당연히 시험도 잘 못 봤다. UCLA에 지원했다가 떨어졌지만 당연한 결과였기 때문에 별로 대수로운 일이 아니었다. 하지만 아버지는 '너처럼 세상 물정에 빠삭하고 똘똘한 녀석은 대학 같은 데 갈 필요도 없다.'고 나를 안심시키셨다. 나는 총명하지 않았다. 그저 가정을 새로 꾸리느라 아들의 대학 등록금을 내고 싶지 않은 아버지가 있었을 뿐이었다. 대신 아버지는 선반을 설치하는 일자리를 얻어주셨다. 그 일은 시급이 15~18달러나 되었고, 그 정도도 내게 엄청나게 큰돈이었다. 당시 나의 유일한, 진짜 목표였던 멋진 차를 살 수 있었으니까.

고등학교 3학년 때 학교를 마치면 친구들과 웨스트우드 빌리지Westwood Village로 걸어가서 아이스크림을 사먹었다. 친구들은 가게에서 물건을 슬쩍하기도 했는데, 그들이 피터 프램튼Peter Frampton이 프린트된 셔츠를 바지 안으로 마구 쑤셔 넣기 시작하면 나는 곧장 집으로 향했다. 내가 그 친구들보다 더 양심적이고 도덕적이었기 때문이 아니라 싱글맘인 우리 엄마가 LA경찰의 전화를 받고 나를 유치장에서 빼내러 오는 일을 감당할 수 없을 것 같아서였다. 웨스트우드 빌리지에서 집으로 돌아가려면 UCLA의 여학생 사교클럽들이 줄지어 있는 힐가드 에비뉴Hilgard Avenue를 가로질러야 했다. 한번은 대학 동문회 주간이어서 젊은 여성 수천 명이 각자의 클럽 앞에 서서 노래를 부르고 있었는데 그 모습이 마치 노먼 록웰Norman Rockwell의 그림과 시네맥스의 심야 영화를 섞은 것 같았다.

그 순간, 나는 대학에 가야겠다고 결심했고 집으로 가서 UCLA 입학처에 보낼 편지를 다시 썼다. 나는 사실대로 적었다. '저는 이곳에서 나고 자란 캘리포니아 토종입니다. 이민자이자 싱글맘인 어머니는 비서로 힘들게 일하십니다. 저를 입학시켜주지 않으신다면, 저는 남은 일생을 내내 선반만 설치하며 살게 될 것입니다.' UCLA는 새 학기가 시작하기 9일 전에 입학 허가를 내주었다. 어머니는 내가 양가 통틀어 처음으로 대학에 가는 사람이니 '이제 너는 무엇이든 할 수 있다.'고 용기를 주셨다.

이제 나는 무엇이든 할 수 있는 사람이므로, 그다음 5년 동안 마리화나를 엄청나게 피우고, 운동경기에 참여하고, '혹성탈출 시리즈'를 수십 번도 넘게 보며 시간을 축냈다. 어쩌다 우연히 생기는 섹스 기회만이 이런 생활의 반복에서 잠시 벗어나는 경우였다. 마지막 부분만 빼면 꽤 괜찮은 생활이었다.

나는 언제나 '더 많이'였다

졸업학년이 되자 친구들 대부분은 정신을 차리고 성적 관리나 대학원 입학 아니면 취직 준비에 열을 올렸다. 좋은 일을 하고도 욕을 보는 경우가 있지 않던가. 나는 캘리포니아 납세자들과 캘리포니아대학교 이사회의 관대함에 2.27이라는 평점으로 보답했다. 그래서 UCLA에서 다섯 번째 해를 맞아야 했다. 일곱 과목이나 낙제를 했으니 졸업 학점이 부족했다. 하지만 이 역시 별로 대수로운 일은 아니었다. 아직 마리화나와 SF영화가 더 남아 있었으니까. 그리고 현실적으로 당장 내 앞에 무언가 신나는 일이 기다리고 있는 것도 아니었으니 말이다.

마지막 해에 내 룸메이트는 아주 야심찬 녀석이었는데 나는 이상하게도 그 자식에게 묘한 경쟁심을 느꼈다. 그 자식 이름은 게리였는데, 투자은행가가 되고 싶어 환장한 놈이었다. 나는 투자은행이 뭐하는 곳인지도 몰랐지만, 게리가 그 일을 하고 싶어 한다면 나 역시 마찬가지일 거라고 생각했다. 성적은 뻥을 좀 쳤지만 면접을 잘 보았고, 덕분에 모건 스탠리Morgan Stanley에 애널리스트로 취직했다. 면접관 중 높으신 분이 나처럼 대학에서 조정팀 활동을 했는데, 그분은 우리 같은 조정 선수는 모두 훌륭한 투자은행가가 될 재목이라고 여기셨다.

투자은행에서 이렇다 할 성과를 내지 못한 나는 경영대학원에 지원하기로 결심했다. 내가 하고 싶은 일이 무엇인지에는 여전히 별생각이 없었지만 여자친구와 내 절친 둘 다 경영대학원에 간다고 해서 그냥 따라가기로 했다. 캘리포니아주는 또 한 번 나를 받아주는 모험을 감행했다. 나는 UC버클리 하스 경영대학원에 합격했고, 2학년 때 브랜드 전략을 가르치신 데이비드 아커David Aaker 교수님께 굉장히 감명받았다. 대학원 재학 중에 나는 '프로핏Prophet'이라는 전략연구 회사를 세웠다. 프로핏은 성공적이었고 나는 결국 이 회사를 덴츠Dentsu에 매각했다. 1997년에 우리는 프로핏 사무실의 지하에서 전자상거래 회사 몇 개를 더 인큐베이팅하기로 했다. 그게 바로 1990년대에 샌프란시스코에서 말끔한 헤어스타일을 한 MBA 학생들이 주로 하던 일이었다. 짧게 말하자면, 나는 컴퓨터 기술과 인터넷을 등에 업고 실력을 발휘하기 시작했다.

그렇게 탄생한 내 회사 중 하나인 '레드 엔벨러프Red Enve-lope'는 그 시대의 번성한 분위기를 타고 나스닥에 신규 상장되었다. 2002년 당시 소매업으로는 유일한 신규 상장이었다. 행운이 엄청나게 따라주었고 훌륭한 파트너(내 아내)가 있었으며 역사상 가장 번성한 시대에 태어난 덕이었다. 하지만 나는 내가 받은 축복들을 찬찬히 돌아보는 대신 더 많이 갖기로 했다. '더 많이'라니! 제기랄. 나는 뭘 '더 많이' 원하는지도 몰랐다…. 그래서 엉뚱한 방향을 택했다. 레드 엔벨러프 이사회에서 물러났고, 아내에게 이혼을 요구했으며, 뉴욕으로 이주했다. 그리고 뉴욕대학교 스턴 경영대학원 교수진에 합류했다 (30대의 나에 대한 정확한 진단명은 '인격결함'이다).

자비도 악의도 없는 성공과 행복에 관한 관찰

2010년, 스턴 경영대학원의 교수로 활동하면서 럭셔리 브랜드들을 그들의 디지털 능력에 기반하여 순위를 매긴 연구서 하나를 발표했다. 내가 조사했던 회사 중에서 많은 회사가 연락을 해왔고, 나는 거기에 비즈니스 기회가 있다는 사실을 알아차렸다. 그리하여 비즈니스 정보회사인 L2를 세웠다. 이후 2017년에 미국의 정보기술연구 및 자문회사인 나스닥 상장기업 가트너Gartner가 L2를 인수했고, 현재 L2는 세계에서 가장 큰 소비재 기업 100여 곳 중 3분의 1과 함께 일한다.

기업을 운영하면서 나는 극심한 감정 기복에 시달렸다. 늘 경미한 우울증을 겪었고 어떻게 하면 약물이나 테라피에 의존하지 않고 이 문제를 다룰지에 대해 오랫동안 고민했다(참고로, 때론 약물이나 테라피 혹은 2가지가 모두 필수인 경우도 있었다). 이 문제에 대해 고민하다가 성공뿐만 아니라 행복해지는 법에 대한 지식도 찾게 되었다. 이와 관련해 내 블로그 '자비도, 악의도 없이No Mercy / No Malice'에 내가 알아낸 것들을 공유하였는데 정리가 잘 되어 있지 않았다. 이 책은 그 깨달음을 정리하기 위한 하나의 시도로 볼 수 있다.

이 책에서 나는 몇 개의 기업을 연속으로 설립한 기업가로서, 학자로서, 남편으로서, 아빠로서, 아들로서, 그리고 미국 남성으로서 '행복과 성공'에 대해 관찰한 내용을 방대한 연구 자료와 함께 공유할 것이다. 하지만 이 책에 나오는 의견들은 내가 관찰한 내용일 뿐이지, 동료들로부터 검증받은 학술자료나 먼저 그곳에 도달한 누군가가 그려놓은 지도가 아니라는 점을 알아주었으면 한다.

이 책은 크게 4가지 항목으로 나누어져 있다. 첫 번째 항목에서는 학생들과 내가 매년 봄 함께 검토한 공식들을 대략적으로 보여준다. 만약 누군가가 행복을 위한 공식을 명료한 숫자를 활용한 등식으로 압축한다면, 그것은 무엇일까? 두 번째 부분은 투자은행가로서, 기업가로서, 경영대학원 교수로서 성공, 야망, 커리어, 그리고 돈에 대해 내 경험을 토대로 알게 된 내용을 깊이 파고들고, 첨단 기술 산업이 우리의 경제와 사회에 미치는 영향에 관해 이야기한다.

첫 번째와 두 번째 주제도 의미 있지만 세 번째 주제인 사랑과 인간관계는 훨씬 더 심오하다. 젊은 사람들, 특히 젊은 남성들은 이 자본주의 세상에서 개인적인 그리고 직업적인 의미를 찾기 위해 성공과 인간관계라는, 어려운 두 마리 토끼를 어떻게 잡을지 고심하느라 전전긍긍한다.

네 번째이자 마지막 부분은 독자 여러분이 자신의 모습을 거울에 비추어보고 잘 먹고 몸을 건강하게 관리하는 문제, 내면의 악마와의 싸움, 그리고 지구상에서 우리에게 다가올 마지막 날을 포함한 여러 문제를 고민해본다.

우울증에 제정신이 아닌 교수에게서 인생 조언을 듣는다는 것이 말도 안 되는 일처럼 느껴질 수 있다. 그럴 수도 있다. 하지만 나는 과제를 마쳤다. 이제부터 뒤따를 200페이지가 넘는 글 속에서 나는 여러분의 '제정신이 아닌 교수'이다. 성공과 사랑에 관해 자비도 악의도 없는 이 관찰들이 여러분의 삶을 더욱 의미 있는 방향으로 인도하기를 바란다.

PART 1

인생 경제학

THE
ALGEBRA
OF
HAPPINESS

스트레스에
투자하라

누구나 겪는 행복, 비극, 스트레스

유년기, 10대, 대학생활은 스타워즈의 한 솔로Han Solo, 맥주,
배낭여행, 마구잡이식 연애, 자아발견 같은 일들이 주를 이루
는 시기다. 하지만 20대 중반에서 40대 중반까지 현실은 아주
혹독해진다. 일적인 스트레스와 더불어 선생님과 엄마가 뭐라
고 했든지 간에 당신이 국회의원이 되거나 당신 이름을 딴 향
수를 만들어내지는 못할 것이라는 자각이 현실을 구성한다.
나이가 들면서 당신이 누릴 만한 자격이 있고, 이룰 거라고 들
어온 삶을 꾸리고자 하는 일이 사실 엄청난 스트레스를 유발

한다는 것을 깨닫는다. 또한 사랑하는 사람이 병들고 죽게 되면서 삶의 고단함이 완전히 제 모습을 드러낸다.

그다음 50대에 이르면[1](감성이 풍부한 사람이라면 좀 더 일찍) 도처에 널려 있는, 진짜 모든 곳에 존재하는 아름다운 축복들이 눈에 보이기 시작한다. 당신을 꼭 닮고 당신과 비슷한 냄새가 나는 아름다운 아이들, 올라탈 수 있도록 물결치는 파도와 여러 신비로운 자연의 풍경들, 땀을 흘리고 지식을 전달할 수 있는 능력, 그리고 이 능력으로 돈을 벌어 가족을 부양할 수 있다는 사실, 거의 음속에 가까운 속도로 지구의 반대편으로 날아가 위대한 인류가 만들어놓은 경이로운 것들을 볼 수 있는 기회들…. 때로 비극이 벌어진다 한들, 많은 경우에는 인류 최고의 아이디어인 과학으로 물리칠 수 있지 않은가. 나이가 들수록 이곳에서 보낼 당신의 시간이 한정되어 있음을 알고, 장미꽃 냄새를 맡기 시작하며, 당신이 누려도 되는 모든 행복을 맛보기 시작할 것이다.

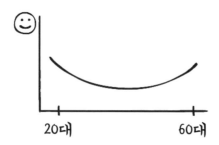

그러니 청장년기에 있는 지금, 스트레스를 받고 가끔은 불행하다고 느낄지라도, 이것이 정상적인 과정임을 인지하고 그저 묵묵히 계속 나아가라. 행복이 그대를 기다리고 있다.[2]

균형 잡힌 삶이라는 모순

아는 사람 중에 사회적으로 성공했고, 몸매도 멋지며, 밴드 활동을 하는 데다 부모님과도 사이가 좋고, 동물학대방지협회에서 자원봉사도 하며, 음식 블로그까지 운영하는 사람이 있을 것이다. 그냥 당신과는 다른 사람이라고 생각하라. 내가 보기에는 커리어를 한참 쌓는 시기에 그 모든 것을 해내며 '균형'을 이룬다는 것은 거의 망상에 가깝다.

또는 '죽도록 힘들게 일하고 있으니 잘 살고 있다고 믿으며 자기학대에 가까울 정도로 일에 집착하는' 사람들도 주변에 있을 것이다. 그들을 보면 성공하기 전까지 얼마나 비참한 생활을 견뎌야 하는지 알 수 있다. 하지만 이것은 사실이 아니다. 성공으로 가는 길에서도 엄청난 보상이 따라올 수 있다.

그러나 만약 그 모든 것을 잘해서 균형을 잡는 것이 당신의 인생에서 가장 중요한 요소라면, 천재가 아닌 한 당신은 경제적 안정의 상위단계에 도달하지 못할 수 있다는 사실을 받아들여야 한다. 커리어를 향한 오르막길의 경사도는 무자비하게도 대학 졸업 후 첫 5년 안에 결정된다. 그 길의 경사가 가파르기를 바란다면 청춘을 불사르며 노력해야 할 것이다. 세상에 노력 없이 얻는 것은 없다. 열심히 노력해라. 정말로 열심히 해라.

현재 나는 균형을 아주 잘 이루고 있다. 20대와 30대 때 부족했던 균형을 이제야 보상받고 있는 것이다. 22살부터 34살까지, 경영대학원과 일 말고 다른 것은 별로 기억나지 않는다. 세상은 많은 사람들에게 골고루 돌아가지 않는다. 발 빠른 사람들이 다 차지한다. 또래보다 더 적은 시간에 더 넓은 영역을 확보해야 한다. 그러기 위해서 부분적으로는 재능이 한몫하지만, 주로 전략과 인내심을 바탕에 깔아야 한다.

젊은 전문직 종사자로서 균형이 부족했던 삶은 분명 내게서 결혼, 머리카락, 그리고 20대의 시간을 빼앗아갔다. 여기에 보편적인 사용설명서 같은 것은 없다. 이것은 일종의 교환 거래다. 젊은 시절의 균형 부족은 이후의 삶에서 내게 더 큰 균형을 선사하긴 했지만, 매우 현실적인 피해를 감내해야 했다.

땀

당신은 다른 사람들이 땀 흘리는 모습을 구경하길 좋아하는가? 아니면 당신이 직접 땀 흘리는 것을 좋아하는가? 전자의 시간과 후자의 시간의 비율은 미래의 성공을 가늠해볼 수 있는 지표 중 하나이다. 매일 밤 ESPN(스포츠 채널을 주로 방영하는 미국의 글로벌 케이블 위성방송 채널 – 옮긴이)을 시청하고 일요일에는 하루 종일 축구경기를 보느라 시간을 허비하고 운동을 전혀 하지 않는 사람은 분노와 엉망진창인 인간관계로 뒤덮인 미래를 맞이할 것이다. 반대로 매일 땀을 흘리고[3] TV로 스포츠 중계를 보는 시간만큼이나 많이, 직접 운동하는 사람은 미래에 꽤 풍요로운 인생을 살고 있는 자신을 발견할 수 있다.

성공의 기회가
넘치는 곳으로 가라

미국에도 카스트 제도[4]가 있다. 바로 교육 수준이다. 게다가 시간이 갈수록 점점 더 소수의 거대도시 위주[5]로 경제성장이 이루어지고 있다. 앞으로 50년 동안의 경제성장은 3분의 2가 거대도시에서 일어날 것이다. 기회는 인구밀도와 상관관계가 있다. 그러니 성공의 기회가 넘치는 곳으로 가야 한다.

대도시들은 윔블던Wimbledon과 같다. 비록 당신이 라파엘 나달Rafael Nadal은 아니더라도 그와 함께 코트에 있는 것만으로 당신의 경기력은 향상된다. 그리하여 더 나은 상태가 되든가 아니면 윔블던에 있어서는 안 된다는 사실을 배우든가, 최소한 둘 중 하나는 얻게 될 것이다.

경제적인 안정에 있어서도 마찬가지로 기회의 장과 성공 속도는 실과 바늘처럼 떼려야 뗄 수 없는 요소다. 내게 당신의 최종 학위(어느 대학에서 어떤 학위를 받았는지)와 우편번호를 알려주면 꽤 정확하게 앞으로 10년간 당신이 얼마나 벌어들일지 맞힐 수 있다.

내가 하려는 조언은 단순하다. 젊을 때 자격을 갖추고 도시에 입성하라. 나이가 들수록 2가지 모두가 불가능하거나, 가능하더라도 훨씬 더 어려워진다. 스티브 잡스나 빌 게이츠, 그리고 또 다른 대학 중퇴자들이 이루어낸 놀랍고 위대한 성공담은 내일도 등장할 것이다. 그러나 다시 한번 말하지만, 당신은 스티브 잡스가 아니다.

무엇이 당신을 행복하게 하는가

돈이 얼마나 많으냐와 얼마나 행복한가 사이에는 상관관계가 있다. 어느 정도까지는 돈으로 행복을 살 수 있다. 하지만 특정 수준의 경제적 위치에 도달하고 나면, 비례관계였던 상승선이 평행선이 된다.[6] 물론 돈이 더 많다고 덜 행복해지는 것은 아니다(이 역시 잘못된 믿음이다). 나는 살아오면서 꽤 오랫동안 어떻게 하면 돈을 더 많이 벌까 전전긍긍하며 시간을 낭비하는 실수를 저질렀다. 그럴 것이 아니라, 잠시 멈춰 서서

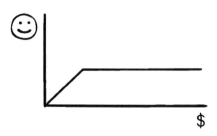

무엇이 나를 행복하게 하는지 스스로에게 물어보았어야 했다.

맞다. 죽도록 일하고 먼저 경제적 안정 비스름한 경지에 올라라. 그러나 그 과정에서 당신에게 기쁨과 만족감을 주는 일들에도 주목하고, 그런 것들에 투자하라. 향정신성 물질이나 돈이 엄청나게 많이 드는 일이 아니면서 당신에게 기쁨을 주는 것들이 있다면 각별히 주의를 기울여라. 그것이 요리이든, 브라질 전통춤이든, 기타 연주든, 아니면 산악자전거 타기든, 무엇이든 좋다. 다양한 관심사와 다채로운 취미생활은 당신의 인격에 조화로움을 더한다. '몰입'이야말로 최고의 행복이다.[7] 시간 감각도 잃고, 자신도 잊고, 더 큰 무언가의 일부가 된 느낌을 경험해볼 수 있다.

나는 불과 몇 년 전에야 글쓰기를 발견했는데, 이제 글쓰기는 내 삶에서 가장 중요한 보상요소가 되었다. 글쓰기가 내게는 치유 그 자체다. 그것은 내 머릿속에서 방방 날뛰는 잡생각들이 마침내 탈출구를 찾는 방법이다. 또한 내가 내 아들들을 얼마나 사랑하는지, 어머니를 얼마나 그리워하는지, 치폴레 (Chipotle, 미국에서 인기 있는 멕시코 음식 패스트푸드 체인점 – 옮긴이)를 얼마나 좋아하는지를 영원히 활자로 남길 수 있는 기회다. 글쓰기는 사랑하는 사람들에게 나를 다시 연결해주었고, 새로운 사람들에게 나를 흥미롭게 소개해주었다. 그리고 내가 세상을 떠난 후에 내 아이들이 나의 글을 읽고 아버지를 더 잘 알게 되었으면 좋겠다. 30년 전에 글쓰기를 시작했더라면 얼마나 좋았을까.

일찍 그리고 자주 투자하라

'복리復利는 우주에서 가장 강력한 힘'이라고 했다. '돈을 비축해둔다.'는 개념을 선뜻 이해하지 못하는 요즘 청년들에게 사실 가장 중요한 말이다. 이들에게 '장기적'이라는 개념은 별나라 이야기만 같다. 재능이 넘치는 많은 젊은이들은 자신이 너무나 뛰어나서 곧 막대한 돈을 벌 것이라고 착각한다. 뭐, 좋다. 어쩌면 정말 그럴 수도 있을 테니…. 하지만 '만의 하나' 하늘에서 돈벼락이 쏟아지지 않을 경우를 대비해서, 일찍부터 그리고 자주 돈을 비축해라.[8]

이것을 '저축'이라 생각하지 말고 마술로 생각해보라. 요술

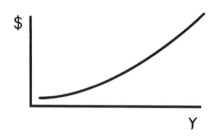

상자에 100만 원을 넣어두고 40년쯤 뒤에 준비가 되었을 때 열어보면, 짠! 그 100만 원이 이제 1,000만 원 혹은 3,000만 원이 되어있다면? 만약 당신에게 이런 요술 상자가 생긴다면 그 안에 얼마를 넣어두겠는가?

대부분이 복리로 돈이 불어나는 원리는 알지만, 삶의 다른 부분에 영향을 끼치는 '복리의 힘'은 인지하지 못한다. '매일 1초1 Second Everyday'[9] 라는 앱이 있는데, 이 앱을 통해 매일 1초짜리 동영상을 찍어보라. 매일 작고 성가신 일에 투자하는 것이다. 연말에 나는 아이들과 앉아서 우리의 한 해가 담긴 6분 짜리 동영상을 본다. 내가 있는 곳이 어디인지 추측하면서, 아이들이 자기 모습을 보고 깔깔 웃으면서, 위저딩 월드 오브 해리 포터(Wizarding World of Harry Potter, 플로리다 올랜도의 유니버설 리조트에 있는 테마파크 - 옮긴이)에서 우리가 얼마나 즐거운 시간을 보냈는지 회상하면서 우리는 그 영상을 몇 번이고 반복해서 본다.

이 세상에서 엄마와 아이의 애착관계에 대적할 수 있는 것은 아무것도 없다. 그것은 단지 본능이 아니다. 아기가 태어난 순간부터 매일, 조금씩, 꾸준히 엄마가 아기에게 시간과 에너지와 정성을 투자한 결과다. 이것은 모든 관계에 적용할 수 있다. 사진을 억수로 많이 찍고, 친구들에게 싱거운 문자를 보내고, 가능한 한 자주 옛 친구에게 연락해서 잘 있는지 확인하고, 동료에게 존경을 표하고, 매일 가능한 한 많은 사람들에게 사랑한다고 말해라. 매일, 몇 분씩만 투자하라. 처음에는 성과가 미미해도 나중에는 어마어마해진다.

너만의 고릴라를 찾아라

남자다운 느낌은 엄청나게 보람차다(이 말이 얼마나 이상하게 들리는지 나도 잘 안다. 그리고 여성스러움이 주는 보상에 대해서는 내가 할 수 있는 말이 거의 없다는 사실도 안다). 내 안의 타잔이 포도나무에 매달려 줄을 타면 행복하다. 그러나 그 포도나무들이 바뀌었다.

어렸을 때는 친구들에게 강한 인상을 주거나, 잘 모르는 여자와 만나거나, 취한 상태일 때 남자다운 기분이 들었다. 나이가 들면서 다른 나뭇가지들이 생겨났다. 애정이 넘치고 내 가족을 부양하는 책임감 있는 가장의 모습일 때, 강의실이나 직

💪 = 인정 + 훌륭한 시민 + 좋은 아버지

장에서 인정받을 때, 나는 '황소처럼 강한' 느낌을 받는다.

사회적 유대관계가 더 강한 수컷 원숭이들이 몸집이 더 크거나 힘이 센 원숭이보다 지위도 높고 짝짓기에서 성공할 확률도 더 높다.[10] 훌륭한 시민이 되는 것, 다시 말해 좋은 이웃이 되고, 법과 제도를 존중하고, 내가 어디에서 왔는지를 기억하고, 만날 가능성이 전혀 없는 사람들을 돕고, 내 자식이 아닌 남의 아이에게도 관심을 기울이고, 투표를 하는 등 어렸을 때는 절대 생각하지 못했던 일들을 하면서 나는 점점 더 고릴라처럼 강한 사람이 되는 느낌이다. 자신의 결함을 알고 부족한 부분을 바로 잡으려고 노력해라. 요약하자면, 어른의 몸을 입은 소년이 아니라, 진짜 어른이 되라는 말이다. 이제 내게 남자다움이란 인정받는 것, 훌륭한 시민이 되는 것, 그리고 애정 어린 아버지가 되는 것이다.

순자산 = 부

월급만으로 경제적 안정상태에 도달하기는 어렵다. 버는 만큼 라이프스타일도 그에 맞춰 올라가거나 내려가기 때문이다.

가능한 한 빨리 부동산이나 주식을 사고, 퇴직연금제도를 통해서 강제로 저축을 하게 만드는 직장을 찾아라. 회사의 주식을 받을 수 있는 직장이라면 더더욱 좋다. 언제나 주식시장을 예의주시하고 그곳에 발을 담그고 있어야 한다. 왜냐하면 당신은 언제 주식시장에 뛰어들거나 빠져나올지 스스로 예측할 수 있을 만큼 똑똑하지 않을 테니까 말이다. 마흔 전에는 전체 자산의 30% 이상을 어느 한 종류의 자산에 담아두지 않도록 하고, 마흔 후에는 그 비중을 15%까지 낮추어라.

'부자'의 정의가 뭘까? '부자'는 지출보다 불로소득이 훨씬 많은 상태를 말한다. 우리 아버지와 새어머니는 배당금, 퇴직연금, 사회보장연금 등으로 1년에 5만 달러를 받고 4만 달러를 쓴다. 이분들은 '부자'다. 내 친구들 중에는 100만 달러에서 300만 달러를 버는데, 아이들 여럿을 맨해튼의 고급 사립학교에 보내고, 이혼한 전 부인이 있으며, 햄튼Hamptons에 별장을 소유하고 있다. 라이프스타일이 거의 '우주의 주인'급인 이들이 생각보다 많다. 이 친구들은 번 돈을 전부 다 쓰거나 거의 다 쓴다. 이들은 가난하다.

30살이 될 무렵까지는, 자신의 소비성향이 어떠한지에 대한 감을 잡아야 한다. 젊은 사람들은 오로지 수익에만 집중하지만, 어른은 자신의 소비에도 집중해야 한다.

술을 줄여라

행복에 관한 가장 최신 연구는 하버드 의과대학이 진행한 그랜트 연구[11]였다. 이 연구팀은 19세 남성 300여 명을 75년간 추적, 조사하면서 어떤 요소들이 그들을 더 행복하거나 덜 행복하게 만드는지 연구했다. 그 결과 남성의 삶에 이 1가지 요소가 존재하느냐 부재하느냐가 다른 어떤 요소보다 더 정확하게 불행을 예측했다. 바로 술이다. 술은 그들을 결혼생활 실패, 경력 단절, 건강 악화로 이끌었다.

대학을 갓 졸업하고 뉴욕에 살면서 모건 스탠리에서 일할 때, 나는 매일 밤 아주 근사한 곳에서 잘나가는 듯한(?) 사람들과 어울려 흠뻑 취하도록 마셔댔다. 그때는 그게 너무나 자연스러웠다. 취하면 더 나은 버전의 내가 나타났기 때문이다. 맨정신일 때는 경직되고 조금 지루한 내가 술이 좀 들어가면 재미있고 긍정적인 사람이 된다. 또한 나는 취하지 않은 상태에서 여자들을 만나기란 거의 불가능하다고 생각했다(앞서 포도나무에서 그네 타기에 관해 썼듯이).

주중에 한창 일할 시간에 나는 늘 어디 비어있는 회의실이 없나 살피곤 했다. 숙취를 해소하기 위해서 30분쯤 낮잠을 잘 테이블이 절실했던 것이다. 해장용 식사라고는 다이어트 콜라와 기름진 음식들뿐이었다. 그런 것이라도 먹어야 1시간가량

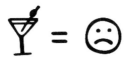

이나마 다시 인간으로 돌아온 것 같은 오후를 보낼 수 있었기 때문이다. 나는 구제 불능이어서 술이 좀 깬 듯하면 또다시 다른 투자은행에 다니는 친구들 한 무리와 모델 친구들에게 잘나가는 클럽에서 만나자고 연락을 해댔다. 그곳에서 우리는 1,200달러어치 보드카를 시켰고, 그러면 어김없이 재밌는 스콧이 나타났다.

UCLA에서 많은 수업을 땡땡이치고 배워야 할 것을 제대로 배우지 못했다는 사실은 나를 '그저 그런 은행원'으로 만들어버렸다. 더더군다나 술은 나를 '그저 그런 사람'으로 만들었다. 육체적으로 중독이 되지 않은 것만 해도(내 생각인가) 천만다행이랄까. 뉴욕을 떠나 서부 해안 지역으로 다시 돌아갔을 때 나는 그런 망나니 같은 삶이 전혀 그립지 않았다. 대학 졸업생들이여, 어떤 물질이 인간관계, 경력, 직업 또는 인생을 방해하고 있지 않은지 자신에게 물어보라. 만약 그렇다면, 가장 먼저 그것부터 해결해라.

회복력 / 실패 = 성공

누구나 실패도 겪고 비극적인 일도 경험한다. 당신은 해고될 것이고, 사랑하는 사람들을 잃을 것이며, 경제적으로 힘든 시기를 겪을 가능성도 매우 크다. 그러나 성공의 핵심비결은 슬퍼한 후 실패를 딛고 일어나 앞으로 나아가는 능력이라는 것을 명심해라. 나는 결혼에 한 번 실패했고, 사업이 파산했으며, 당시에 나를 사랑해주는 유일한 사람이라고 확신했던 어머니를 잃었다. 이 모든 일이 내가 40세가 되기 전에 일어났다. 하지만 훌륭한 교육, 좋은 친구들, 약간의 재능, 그리고 미국이라는 비교적 경쟁력 있는 주소지에 살고 있던 덕분에, 이런 것들은 내게 걸림돌일 뿐이지 넘지 못할 장벽은 아니었다.

어떤 일도 생각보다 좋거나 나쁘지 않다

내 친구 토드 벤슨Todd Benson은 시장의 역동성이 개인의 기량을 능가한다고 말한다. 당신의 성공과 실패 경험들이 전적으로 당신의 탓은 아니다. 나이가 들어 젊은 시절의 자신에게 건네줄 만한 가장 중요한 교훈 중 하나는 '나 자신에게 좀 덜 엄격했으면 좋았을 텐데'이다. 우리의 경쟁본능은 우리가 아는 사람 중 가장 성공한 사람들을 목표로 삼고, 거울 속에 비친 자신이 그러한 성과를 이루지 못하면 절망하게 만든다.

자신과의 관계든, 타인과의 관계든, 건강한 관계를 위한 핵심비법 중 하나는 '용서'다. 당신과 당신 곁의 누군가는 언젠가 큰 잘못을 저지르고 관계를 망쳐버릴 행동을 할 가능성이 크기 때문이다. 이 세상에서 당신에게 주어진 시간은 한정되어 있으므로 스스로 책임을 져야 한다. 마찬가지로 주어진 시간 동안 중요한 일들을 해나갈 수 있도록 자기 자신 또한 용서해야 한다.

세상을 떠나는 사람을 잘 배웅하라

내 아이들을 제외하고, 내가 가장 자랑스럽게 생각하는 점은 어머니가 세상을 떠나실 때 잘 보내드린 일이다. 어머니가 말기 암 판정을 받으신 후, 나는 네바다 주 서머린Summerlin에 위치한 요양원에서 7개월 동안 어머니와 함께 살았다. 낮 동안은 어머니를 보살피고 어머니와 함께 시트콤 '프레이저'와 퀴즈쇼 '제퍼디!'를 보았다. 밤에는 라스베이거스의 스트립 거리

를 돌아다니며 담뱃가게, 음식점, 술집 주인들과 취하도록 마셨다. 내 인생에서 가장 기이하면서도 의미 있는 시간이었다.

삶을 시작하는 사람을 보살피는 일에서 오는 본능적인 기쁨과 보람, 즉 아이들을 키우면서 느끼는 즐거움[13]은 이미 대개가 잘 알고 있고, 많은 사람들에 의해 입증되었다. 하지만 사랑하는 누군가가 생의 마지막 지점에 이르렀을 때, 그에게 위안을 주고 정성껏 돌보는 일 또한 굉장히 깊은 만족감을 준다. 만약 사랑하는 사람이 세상을 떠나려 하고 당신이 그 길을 좀 더 품위 있게 만들어줄 수 있는 위치에 있다면(젊은 사람들은 대부분 아직 그렇지 못하겠지만), 주저 없이 그렇게 해보라. 그 경험은 남은 인생 동안 당신의 마음속에 그 무엇보다 소중히 간직될 것이다.

물건 < 경험

수많은 연구결과를 보면 사람들은 어떤 물건이 자신에게 가져다줄 행복의 양을 과대평가한다고 한다.[12] 반면 경험이 선

사하는 장기적이고 긍정적인 효과는 과소평가한다. 물건을 사면 잠깐은 신난다. 하지만 값진 경험을 사면 더 오랫동안 인생에 긍정적인 영향을 줄 수 있다.

물건보다 경험에 투자하라. 차는 그냥 소형 차를 몰고, 대신 사랑하는 사람과 생바르텔레미 섬(프랑스령 서인도 제도에 위치한 작은 섬 – 옮긴이)에 가라.

행복 = 가족

삶의 전체적인 균형을 고려했을 때, 가장 행복한 사람들은 일부일처제 관계를 유지하고 자식을 낳아 기르며 사는 사람들이다.[14] 나는 결혼도, 자식도 원하지 않았었고 여전히 행복해지기 위해서 반드시 아이가 필요하다고 생각하지는 않는다. 그러나 괜찮은 아빠가 되고 내가 사랑하는(거기다 유능하기까지 한) 사람과 함께 아이들을 기르는 일이, 우리 모두가 살아가며 한 번쯤 고민하는 문제인 '존재의 이유'를 처음으로 설명해주기 시작했다고 자신 있게 말할 수 있다.

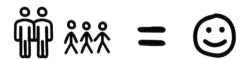

남은 인생을
누구와 함께할 것인가

경영대학원 학생 대부분은 커리어를 쌓을 준비를 하고 친구들과 어울리는 데 가장 많은 노력을 쏟아붓는다. 그러나 당신이 내려야 하는 가장 중요한 결정은 어디에서 일하고 누구와 어울릴지, 어떤 화려한 스펙을 뽐내야 할지가 아니라, 남은 인생을 함께할 파트너로 누구를 택할지 정하는 것이다. 좋아하고 같이 자고 싶은 사람일 뿐만 아니라 훌륭한 팀원인 배우자 또는 인생의 파트너가 있다면 살면서 맞닥뜨리게 될 역경은 훨씬 누그러지며 인생의 빛나는 순간은 극대화된다.

내 친구들 중 몇몇은 인상적인 커리어와 화려한 인맥, 사랑하는 배우자가 있지만 별로 행복하지 않은 이들이다. 이들의 배우자는 인생의 파트너가 아니기 때문이다. 이들 부부는 삶의 목표와 방식에서 조화를 이루지 못한다. 중요한 가치에 대해 의견이 일치하지 않고 상대방에게 감사하는 마음이 부족한 것은 모든 상황을… 더 어렵게 만든다. 내 친구들을 보면 경제적으로 덜 성공했고 친구들과 보내는 시간도 적지만, 힘든 일과 기쁜 일을 함께할 진짜 파트너가 있는 사람들이 확실히 훨씬 더 행복하다.

열정, 가치관, 돈

내가 아는 한 사랑하는 사이에서 최고의 파트너십은 3가지 항목에서 일치한다. 먼저 서로에게 육체적으로 끌린다. 열성적인 애착은 관계를 특별하게 만든다. 훌륭한 섹스는 관계에 10% 정도 기여하지만, 형편없는 섹스는 관계의 90%를 갉아먹는다. 문제는 대부분의 청년들이 여기까지만 고려한다는 점이다. 종교, 아이를 낳을지 말지, 양육방식, 부모님과의 거리, 경제적 성공을 위해 희생을 어디까지 감내할 것인지, 누가 어떤 책임을 맡을지 등의 가치관에 대해서도 의견을 맞추어야 한다.

결혼생활에서 재정적인 스트레스는 부부싸움의 일등공신[15]이므로 돈에 대한 가치관이 일치하는지가 특히 중요하다.

돈에 대한 상대방의 기여도, 접근방식, 기대치, 그리고 돈이 가정으로 들어오고 나가는 양상이 당신의 생각과 일치하는가?

PART 2

성공을 위해 지불할 것

THE
ALGEBRA
OF
HAPPINESS

이제부터 나오는 짧은 이야기들은 내 성장과정과

내가 직업적 성공과 경제적 안정을 이루기 위해서

나만의 기술을 어떻게 개발해왔는지에 관한

실제 이야기이다.

재능보다 갈망이
더 큰 자산이다

나는 성공이란 무엇이고, 성공의 토대는 또 무엇일까에 관한
생각을 많이 한다. 재능이 중요하긴 하지만, 재능은 이미 북적
이는 귀빈실로 들어가는 입장권일 뿐이다. 델타 항공의 플래
티넘 메달리온 혜택 같은 것이랄까? 내가 특별한 사람이라도
된 것 같은 착각이 들지만, 사실상 라과디아 공항에 가보면 나
같은 사람이 아주 많다는 사실을 깨닫는다.

재능이 특출하게 뛰어난 경우라면 어떨까? 당신이 상위 1%
에 속한다고 가정해보자. 일단, 축하한다! 독일 전체 인구수와
같은 7,500만 명 중 1명이 되었다. 또한 세상의 한정된 자원을
놓고 모두가 자신의 몫보다 어떻게든 더 많이 가져보겠다고

싸우는 그룹으로 들어온 것이기도 하다.

청년들에게 어떤 삶을 꿈꾸는지 물어보면 대부분은 수백만 사람들에게 영향을 주며 살 수 있는 복합적인 환경과 권한, 기술을 갖추고 싶다고 이야기한다. 달리 말하자면, 이 책을 읽는 대부분의 젊은이가 상위 0.1%에 들고 싶어 한다는 것이다. 그러나 재능만으로는 0.1%의 근처에도 접근하지 못할 것이다.

재능으로 하여금 정상을 넘어 성공을 향해 달리도록 몰아붙이는 동력은 바로 갈망이다. 갈망은 여러 가지 요인으로 탄생할 수 있다. 솔직히 나는 갈망을 타고나지는 못했다. 나는 불안감과 두려움을 굉장히 심하게 느끼는데, 이것이 우리 모두에게 존재하는 본성과 짝을 이뤄 갈망이라는 결과를 낳았다. 갈망이 어디에서 비롯되는지를 이해하면 성공과 만족감의 차이를 분명하게 밝힐 수 있다.

18살이 될 때까지 나는 그리 열심히 살지 않았다. UCLA에서 대학 생활을 시작할 때 우리는 모두 착하고 똑똑하고 매력적인 학생들이었다('열여덟'과 '매력적'이라는 말은 사실 똑같은 말이지만). 신입생일 때는 이성에 대한 어설픈 느낌을 바탕으

로('쟤 좀 핫하군!' 또는 '걔 좀 멋진데!') 서로에게 끌리기도 했었다. 하지만 졸업반이 되자 여학생들은, 이미 채비를 갖추고 성공의 조기 징후를 보이거나, 팜스프링스Palm Springs나 아스펜Aspen에 있는 부모님 별장에서 주말을 보내는 등 일찍부터 성공을 과시하는 남자애들에게 끌리고 있었다.

그녀들은 톱사이더를 신고 얇은 가죽 타이를 매며 '혹성탈출' 시리즈의 명장면을 줄줄 외울 수 있는 재미있는 남자보다는 자식의 생존을 더 확실히 보장해줄 수 있는 짝을 찾고 있었다. 일종의 본능이 발동한 결과라고나 할까. 어찌됐건 내 안의 본능 역시 깨어났고, 나는 짝을 고를 수 있는 선택지를 늘리고 싶었다. 그리고 성공의 신호를 보내는 것이 이를 위한 필수요건이라고 판단했다. 어쩌면 그것이 모건 스탠리에 입사한 결정적인 이유일 수도 있다. 투자은행가가 어떤 일을 하는지는 전혀 몰랐지만, 성공한 사람으로 보이는 법은 잘 알았으니까.

자신이 정말로 잘하는 일을 찾아내는 것이 성공의 비결이라는 사실을 깨닫는 데는 그리 오래 걸리지 않았다. 무언가를 아주 뛰어나게 잘 해냄으로써 받는 보상과 인정은 그것이 무엇이든 간에 당신을 그 일에 미치게(좋은 의미에서) 만들 것이다. 당시 나에게 투자은행의 업무는, 따분한 소재와 엄청난 스트레스의 독특한 조합일 뿐이었다.

다행히 나는 남들에게 인상적인 사람으로 보이고 싶은 갈망이 나를 비참한 길로 인도한다는 사실을 일찍 알아챘고, 덕분에 그곳에서 탈출할 자신감을 얻었다. 한마디로 만족감이 결여된 성공의 길에서 빠져나온 것이다.

두 번째 경험도 여성과 관련이 있다. 내가 대학원 2학년 때 어머니는 매우 호전적인 유방암 진단을 받았다. 어머니는 로스앤젤레스에 위치한 카이저 퍼머넌트 병원에서 예정보다 일찍 퇴원하신 후 화학요법을 시작하셨다. 어느 날 어머니는 버클리에 있던 내게 전화를 걸어 몸이 몹시 안 좋다고 말씀하셨다. 나는 그날 오후 바로 비행기를 타고 집으로 날아가 문을 열고 어두운 거실로 걸어 들어갔다. 어머니는 잠옷 차림으로 소파에 누워서 몸을 잔뜩 웅크리고는 쓰레기통에 토를 하고 계셨다. 거의 정신을 잃기 직전의 모습이었다. 어머니는 나를 보시더니 "이제 어쩌면 좋겠니?"라고 물으셨다. 이 이야기를 쓰는 것만으로도 심장이 쪼그라드는 것처럼 아프다.

우리는 보험이 충분하지 않았고 아는 의사라고는 1명도 없었다. 치료의 많은 요소들 중에서도 부는 (인맥도 물론 중요하겠지만) 차원이 다른 의료보험 서비스에 접근하게 한다는 사실을 알았기 때문이다. 우리는 둘 다 없었다. 감정이 격해지며 오만 가지 생각이 들었지만 제일 강하게 든 생각은 돈이 더 많으면, 내가 더 힘 있는 사람이면 좋겠다는 것이었다.

지키고 싶은 욕구

2008년에 여자친구가 임신을 했다. 나는 내 아들이 여자친구의 몸 밖으로 회전하며 나오는 순간, 심오하고 충격적인 출생의 기적을 목격했다(참고로 나는 여전히 남자들은 분만실 밖에서 대기하는 게 좋겠다고 생각한다). 그런데 사랑, 감사, 신비로움 같은 것, 즉 이런 순간에 일반적으로 기대할 수 있는 감정들을 거의 느끼지 못했다. 대신 나를 덮친 것은, 이 작은 생명체를 계속 살아 있게 하기 위해 의료진이 행한 과학실험들에서 오는 메스꺼움과 공포였다. 하지만(뭐, 자주 그러하듯이) 역시 본능이 발동하기 시작했고 그러자 그 실험이 덜 끔찍하게, 심지어 고맙게 느껴졌다. 이 생명체를 지키고 부양하자는 욕구가 내 안에서 점점 더 강렬해졌던 것이다.

2008년 서브프라임 모기지 사태로 인한 금융위기가 발발했을 때 나는 큰 타격을 입었다. 나는 꽤 부유한 축에 속하다가 하루아침에 전혀 그렇지 않은 상태로 전락했다. 2000년에 발생한 금융위기 때도 경제적으로 똑같은 영향을 받았지만, 당시 나는 30대 초반이었고 내 한 몸 건사할 정도는 되어서 금융위기의 여파를 그럭저럭 비껴갈 수 있었다. 그러나 이번에는 달랐다. 내 아들을 위해 생각해둔 수준과 방식으로 맨해튼에서 아이 1명을 키우는 데에 필요한 것들을 제공할[1, 2] 수 없을지도 모른다는 사실은, 지구상에서의 내 존재 이유와 남자로서의 가치를 심각하게 훼손했다. 나는 무시무시한 수준으로 실패를 향해 달려가고 있었고, 굶주림의 불꽃은 더욱 밝게 타올랐다.

훌륭한 양육자가 되고자 하는 많은 이들이 자신에게 가하는 압박은 실로 비이성적이다. 자식을 보호하고 양육하고자 하는 본능은 인간이라는 종種이 살아남아 성공할 수 있던 가장 핵심적인 요소다. 그러나 자식이 반드시 맨해튼의 사립학교에 다녀야 한다[3]거나, 트라이베카에 아파트를 소유해야 한다고 믿는 것은 당신의 자존심이지 부성 본능이 아니다. 내가 벌어야 한다고 생각했던 금액보다 훨씬 더 적게 벌어도, 좋은 아니 훌륭한 아빠가 될 수 있다. 그럼에도 불구하고 당시에 나는 못난 아빠가 된 듯한 자책감에 괴로워했다.

하지만 최근에는 내 갈망의 양상이 바뀌는 듯하다. 돈이 아닌 다른 것으로 인정받고 싶기 때문이다. 그래서 이제는 돈 버는 데만 집중하기보다 내가 좋아하는 사람들과 프로젝트에 더 많은 시간을 쓰고 있다. 현재의 순간에 더욱 몰입하려고 노력하며, 내 영혼의 상태에 집중하는 일들을 더 많이 할 수 있도록 어떤 경제적 기회들은 그냥 무시하기도 한다.

또한 내 아들들에게도 잡다한 일을 시켜 이른바 '헝그리정신'을 심어주려고 노력하는 중이다. 나는 매주 아이들에게 일을 시키고 그 대가로 용돈을 준다. 아이들이 일과 보상을 연결하고 더 갈망하기를 바라는 마음에서다. 또한 1년에 2번 정도는 아이들에게 용돈을 준 후, 아이들이 자기 방으로 돌아가는 길에 그 돈을 훔친다(강도처럼 아이들에게 달라붙어 돈을 빼앗는다). 이것 역시 인생 수업이라 생각해서다.

젊어서의 패기는
어리광이다

매년 봄이면 뉴욕의 소호는 보랏빛 유령들로 가득 찬다. 뉴욕
대학교 학사모와 가운을 입은 22살의 청년들이 그 주인공이
다. 그들 바로 뒤에는 보통 그 청년들과 생김새는 비슷하지만
더 나이 들고 펑퍼짐한 부모들이 자랑스러워하며 활짝 웃고
있다. 학위수여식 시기는 즐겁고 희망차기까지 하다. 당신의
졸업은 곧 부모님의 성공을(당신을 대학에 들어가게 하고 무사
히 졸업시킨 공로) 증명하는 것이므로, 이 순간은 당신의 펑퍼
짐한 버전(즉 부모님)에게 더욱 보람찬 순간이다. 그들은 아직
죽지 않고 살아서…, 책임져야 하는 마지막 진화의 상자를 확
인할 수 있다(아, 너무 끔찍한 소리인가).

내 졸업식은 2번 모두 그리 즐겁지 않았다. UCLA에서는 5학년 중간에 졸업을 했다. 친구들은 거의 다 4년 만에 졸업을 했기 때문에 이미 학교에 없었다. 나는 UCLA에서 마지막 2주 동안 대부분의 시간을 여러 교수님께 해당 수업의 학점을 따서 졸업할 수 있도록 F학점을 D학점으로 바꿔 달라고 애걸복걸하며 보냈다. 경제학 학사 학위를 따려면 3과목이나 부족했기 때문이다. 내 설득의 포인트는 단순하고 진실했다.

- 보잘것없는 집에서 어머니와 단둘이 삽니다.
- 뉴욕에 있는 모건 스탠리에 취직했어요.
- 여기서 제가 빨리 나갈수록 더 실력 있는 학생들을 더 빨리 받으실 수 있잖아요.

나는 교수님 네 분께 간청했다(간청할 교수님은 더 많았지만…). 그중 세 분이 똑같은 반응을 보이셨다. 그분들은 나를 역겨운 눈빛으로 잠깐 쳐다보다가 체념한 듯 서류에 서명을 한 뒤, 연구실에서 나가라고 말씀하셨다. 보랏빛 가운도 입지 않았고 거창한 의식도 거의 없었다.

대신 버클리에서는 정신을 바짝 차리고 MBA를 취득했기 때문에 내 두 번째 졸업식은 더욱 의미가 있었다. 나는 졸업식에서 학생대표 연설을 하러 강단에 올랐는데, 연설 중간에 고개를 들어 어머니를 쳐다보았다. 수천 명의 부모들이 버클리 대학교의 그리스 극장에서 반짝반짝 쏟아지는 태양 아래 앉아 있었다. 그리고 그들 사이에서 암이 진행되고 있던 어머니가 자랑스러워 어쩔 줄 모르며 일어나 나를 향해 양손을 흔들고 계셨다.

나는 사후세계를 믿지 않지만, 죽음에 근접한 사람들이 묘사하는 밝은 비전[4]들을 어느 정도 경험하고 싶기 때문에 죽기 전에 실로시빈(psilocybin, 멕시코산 버섯에서 나오는 환각 유발 물질 – 옮긴이)이라도 실컷 해볼 생각이다. 그렇게 되면 아마 2가지의 비전을 볼 것 같다. 아니, 보았으면 좋겠다. 내 아이들이 침대에서 내 위에 누워 깔깔거리며 웃는 모습, 그리고 어머니가 내 졸업식에서 내가 거기에 있다고, 바로 내가 저 아이 엄마라고 말하는 듯이 양손을 흔들고 계셨던 모습이다.

많은 청춘이 그렇듯이 여전히 불안정한 시기였다. 26살의 남자는 아직 애다. 내게는 편찮으신 어머니가 있었고, 직접 컨설팅 회사를 차려보겠다고 다른 컨설팅 회사의 입사제의를 거절한 상태였다. 당시 내 삶의 버팀목은 정서적, 재정적으로 안정을 주는 여자친구뿐이었다. 여자친구에게는 진짜 직장이 있었기 때문이다.

작가가 자기 이야기를 늘어놓기 위해 독자가 과거를 돌아보는 데 사용할 필터에 윤활제를 마구 비벼 발라놓고 3인칭

시점으로 졸업을 들먹이는 것은 이제는 너무 고루한 수법이다. 그럼에도 불구하고 내가 갓 대학을 졸업한 청년들에게 조언을 해준다면, 그것은 다음과 같을 것이다.

열정을 따르지 마라

대학교에서, 특히 졸업식 연설에서 "자신의 열정을 따르라."고 한다든지, 아니면 내가 가장 좋아하는 말이긴 하지만 "절대로 포기하지 말라."고 말하는 사람들은 이미 부자다. 그리고 그들 대부분은 이미 5번 정도 다른 사업에서 실패를 맛본 후 폐기물 처리장 같은 것을 시작함으로써 지금의 그 자리에 올랐다. 다시 말해 그들은 경험을 통해 포기할 시점을 알아버린 사람들이어서 자신의 열정을 따라도 끄떡없다는 뜻이다.

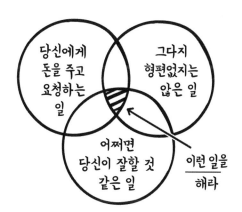

열정을 따르기에 앞서 당신이 해야 할 일은, 당신이 잘하는 무언가를 찾아서 1만 시간 동안 연습한 후에 그 일에 굉장히 뛰어난 사람이 되는 것이다. 무언가를 아주 뛰어나게 잘하는 사람이 되면 정신적 보상(성취감, 몰입)은 물론 경제적 보상도 따라오고, 그렇게 되면 그 일이 무엇이든 간에 그것에 열정이 생긴다. 태어날 때부터 세법에 대한 열정이 넘쳐서 세법 관련 커리어를 시작하는 사람은 없다. 그러나 뛰어난 세금 전문 변호사들은 동료들에게 존경받고, 자신의 일에 열정이 넘치며, 가족을 부양할 경제적 안정을 이루고, 자신보다 더 훌륭한 누군가와 결혼한다.

지루한 것이 섹시하다

커리어도 자산의 한 종류다. 만약 어떤 분야에 인적 자본이 과도하게 투입되면, 그 분야에서 인재들의 노력 대비 보상은 억제되기 마련이다. 〈보그〉에서 일하고 싶거나, 영화를 만들고 싶거나, 음식점을 열고 싶다면, '심리적' 보상이 대단히 큰지를 먼저 확실히 알아야 한다. 위험 조정risk-adjusted 관점에서 볼 때 당신의 노력에 비해 돌아올 수익은(잘 알려진 예외적인 경우들과는 달리) 형편없을 테니까 말이다.

나는 왠지 좀 멋있어 보이는 것에는 그것이 무엇이든 간에 투자하지 않으려고 노력한다. 잡지 〈블랙북BlackBook〉도 사지 않았고, 포드 모델스(Ford Models, 1946년 에일린 포드와 조지 W. 포드가 뉴욕에 설립한 모델 에이전시 - 옮긴이)나 회원제로 운영하는 음악전문 클럽에도 투자하지 않았다. 반면 어떤 사업과 그 사업이 다루는 주제가 너무 지루하게 들려서 혀를 깨물고 죽고 싶은 심정이라면…, 빙고! 무조건 투자한다.

최근에 나는 'JP모건 대체 투자 회담'에서 강연을 했다. JP모건이 세계에서 가장 부유한 300쌍의 가족을 초청한 자리였다. 미디어 재벌이나 국적기를 소유한 가문도 더러 있었지만, 대부분은 철광석 제련업, 보험 또는 살충제 등으로 큰 부를 거머쥔 사람들이었다.

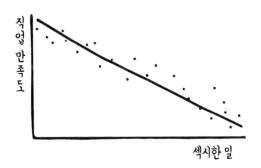

갤러웨이 교수의 커리어 조언

직업 만족도

색시한 일

방구석 어른에
머물지 마라

곧 부모님과 당신의 역할이 뒤바뀔 것이다. 부모님은 아이가 되고, 당신은 부모가 된다. 보통 이러한 변화는 유기적으로 일어난다. 하지만 졸업은 이 변화를 주체적으로 촉진시키기에 꽤 괜찮은 시기이다. 당신은 이제 '스트레스의 근원'이 아니라 '해결책의 근원'이므로, 부모님께 '제가 해결할게요.'라고 말하면서 행동을 개시해야 한다. 얼마나 많은 청년이 부모 곁을 서성이면서 아직도 자신의 문제를 부모가 해결해주기를 바라며 징징대는 아이로 퇴보하고 어른이 되지 못하는지를 보면 참으로 심란하다.

인생에서 가장 보람 있는 일들은 주로 본능에 뿌리를 둔다.

자식을 키우는 일이 얼마나 기쁘고 보람찬지를 알려주는 방송은 차고 넘치도록 많다. 하지만 부모님을 돌보는 일이 얼마나 보람 있는 일인지는 상대적으로 주목을 덜 받는다. 방구석을 탈출해 보는 것이다. 지금 바로 시작해보라.

쉬운 일부터
제대로 해라

나는 커리어를 쌓아오는 내내 쉬운 일을 제대로 하지 못해 늘 어려움을 겪었다. 예를 들면 이런 식이다. 통찰력 있고 단도직입적인 프레젠테이션을 준비하기 위해 최고의 팀을 조직하여 머리를 맞대고 힘을 모았다. 기껏 준비를 완벽하게 해놓고는 프레젠테이션에 15분이나 지각을 해서 모두를 열 받게 만든다. 게다가 그 미팅이 끝난 후에 추가 작업을 요청받거나, 어떤 다른 기회와 관련해 고객으로부터 이메일을 한 통 받을 때도, 나는 제때 회신을 보내지 못해서 그 일을 놓치거나 신뢰를 잃고 말았다.

해야 할 일이나 후속조치를 제때, 제대로 하지 못하는 것은 전반적으로 프로 정신이 부족하고 매너가 나쁜 탓인데, 때문에 내 커리어 경로의 경사도가 낮아지기도 했다. 그런데 정말 이상한 것은, 그렇게 무언가를 제때에 제대로 하지 못하고 있을 때조차 그 사실을 정확히 인지하고 있으며 어떻게 고쳐야 하는지도 잘 안다는 것이다. 하지만 여전히 고치지 못하고 있다. 여기서 내가 말하고 싶은 것은 간단하다. 그따위 허점 때문에 상병신이 되지 말고 쉬운 일부터 제대로 해라.

- 일찍 나타나라.
- 매너를 갖춰라.
- 후속조치를 취하라.

대부분의 사람들은 다른 사람에게서 자신이 싫어하는 자신의 모습을 발견하면 특히 더 혐오감을 느낀다. 다음에 나오는 이메일 소동으로 나는 난생처음 인터넷 유명세로 곤욕을 치렀다. 요약하자면, 어떤 학생이 수업에 늦어서 나는 그 학생을 내쫓았고 그다음 약간의 소동이 있었다(우리가 주고받은 이메일[5]이 언론에 전달되었다).

우리의 이메일 교환에 관한 기사는 조회수가 70만 건에 달했고 댓글이 305개나 달렸다. 뉴욕대학교 스턴 경영대학원 학장실에서 들은 바로는, 학장실로 2분마다 1통씩 이메일이(그 이메일 교환에 관한 이메일) 오기도 했다고 한다. 대부분은 나를 지지하는 내용이었지만, 전혀 그렇지 않은 것들도 있었다 ('이번 가을에 내 아들을 뉴욕대학교에 등록시키지 않을 겁니다!'). 그 이메일 교환 사건은 이제 내 강의 목록에서 단골 주제가 되었다. 분명 이건 경영학계 역사상 가장 많은 사람들이 알게 된 '지각 정책'일 것이다.

내가 받은 이메일

보낸 사람: xxxx@stern.nyu.edu

받는 사람: xxxx@stern.nyu.edu

발송: 2010년 2월 9일, 화요일, 오후 7:15:11

제목: 브랜드 전략 피드백

갤러웨이 교수님께,

계속 신경에 거슬리는 일이 있어 교수님과 논의를 하고 싶습니다. 어제저녁 저는 6시에 시작하는 교수님의 브랜드 전략 수업에 정확히 1시간 늦게 들어갔습니다. 강의실에 들어가자 교수님은 제게 강의실에서 나가라며 다음 수업에 다시 오라고 말씀하시고 바로 저를 쫓아내셨습니다. 교수님의 수업을 듣는 다른 학생 몇 명과 이야기를 나누어보니, 교수님께서는 15분 이상 늦으면 수업에 들어올 수 없다는 규칙을 정해놓으셨다고 하더군요.

어제저녁 일을 말씀드리자면, 저는 월요일 저녁 같은 시각에 시작하는 다른 수업 3가지 모두에 관심이 있었습니다. 어느 수업을 선택할지 정하기 위해서 어제저녁에 세 수업을 모두 들어가 보고 무엇을 가장 듣고 싶은지 선택하기로 했습니다. 교수님의 수업을 한 번도 들은 적이 없어서 저는 교수님의 지각 규칙을 알지 못했습니다. 다음과 같은 상황을 고려할 때, 교수님께서 저를 내쫓으신 부분은 무척 실망스럽습니다.

첫째, 저로서는 교수님의 규칙을 알 길이 없었고, 둘째, 저녁 수업이 시작하는 첫날인 데다 제가 몇 분이 아니라 1시간을 늦은 점을 고려하면 지각한 이유가 안일한 태도 때문이 아니라 세 수업을 모두 경험해보고 싶은 열정 때문이었다는 사실입니다.

저는 이미 다른 수업에 등록했지만 단지 열린 마음으로 이 일에 대한 제 의견을 전달하고 싶었습니다.

안녕히 계십시오.

XXXX 올림

나의 회신

보낸 사람: xxxx@stern.nyu.edu

받는 사람: xxxx@stern.nyu.edu

발송: 2010년 2월 9일, 화요일, 오후 9:34:02

제목: 답장: 브랜드 전략 피드백

XXXX에게,

피드백 고맙네. 나 역시 피드백을 좀 주겠네.

먼저 이 일을 정확하게 정리하지. 자네는 한 수업에 들어갔다가 15~20분 정도 후에 나왔고(한창 강의가 진행되는 중에 자리에서 일어나 걸어 나옴), 다른 수업에 들어가서(20분 늦게 수업에 들어감), 다시 그 강의실에서 나왔고(추측하건대, 다시 한번 강의 도중에), 그런 다음 내 수업에 왔네. 그때(1시간 늦은 시각) 나는 자네에게 다음 수업에 오라고 했고, 그게 자네의 '신경을 거슬리게' 했겠지. 맞나?

내 수업을 한 번도 들은 적이 없어서 1시간 지각을 허락하지 않는 규칙을 알 방도가 없었다는 것이 자네의 주장이네. 대부분의 위험분석은 상당히 불확실한 상황에 직면할 경우 더욱 보수적인 길을 택하거나 실패의 위험을 미연에 방지하라고 하지(예를 들어 해당 수업의 교수가 무례한 행동들을 용인하는 일과 관련해 명확한 방침을 갖고 있을지도 모르니 1시간이나 늦게 오지 말든가, 아니면 수업 전에 조교에게 확인하든가 등). 월요일 저녁 수업에서 최근 자네의 간택을 받은 그 로또 맞은 교수가 '판단과 의사결정'이나 '비판적 사고법' 같은 것을 가르쳐주기를 바라네.

게다가 자네의 논리는 어떤 수업을 선택하여 실제로 수강하기 전까지는 사실상 그 수업에서 어떤 행동규칙도 따라야 할 책임이 없다는 의미를 담고 있네. 분명히 말하자면, 수업 중에 라이브 음악을 크게 튼다든가, 책상에 오줌을 눈다든가, 아니면 획기적인 제모기구를 한 번 작동시켜보면 안 된다는 규정도 공식적으로 없기는 마찬가지라네. 그렇지만 우리 학교 입학처가 미래의 비즈니스 리더로 여겨 입학을 허가한 성인남녀에게 기대하는 기본적인 예의 수준이 있네(다른 말로 매너라고 하지).

조금만 더 진지하게 얘기하지. 나는 자네를 모르고, 앞으로도 모를 것이고, 자네에 대해 진짜로 어떤 친밀감도, 적대감도 없다네. 자네는 그저 지금쯤이면 노트북에서 메일 발송 버튼을 누른 걸 후회하는 익명의 학생일 뿐이겠지. 이런 맥락에서, 잠시 하던 일을 멈추고 진지하게 생각해보기를 바라네. 진짜로 멈추고 생각해보게. 그리고 이제 내가 해주는 말을 가슴에 새기게. XXXX야, 정신 똑바로 차려라.

좋은 직장을 잡고, 밤낮없이 일하고, 실력을 끊임없이 갈고닦고, 사내정치에 요령껏 대응하고, 일과 삶의 균형을 맞추고…. 이런 것들은 모두 정말로 힘든 일이네. 이와 대조적으로 제도를 존중하고, 매너를 지키고, 어느 정도 겸손함을 보이는 것…, 이런 것들은 상대적으로 쉬운 일이지. XXXX야, 제발 쉬운 일부터 제대로 해라.

그런 태도 자체가 자네를 성공하게 만들지는 않겠지만, 그런 것도 제대로 못 하는 태도는 분명 자네 앞길을 막을 것이고, 스턴 경영대학원에 합격한 사실로 미루어 보아 무궁무진한 자네의 잠재력을 펼치지 못하게 막을 것이 뻔하네. 아직 그리 늦지 않았네….

다시 한번 피드백 고맙네.

갤러웨이 교수

성공한 사람들의
불안

1982년 에머슨 중학교 3학년 설문조사에서 친구들은 내게 '가장 웃긴 친구', 그리고 코미디언 '스티브 마틴Steve Martin'이라는 별명을 지어주었다. 그 이후로 나는 내가 받은 모든 상과 인정을 성공적으로 다루어왔다. 그런데 한 달쯤 전에, 친구 앤 마페이Anne Maffei로부터 문자 메시지가 왔다. "우리 오빠 이메일에 답 좀 해줘, 오빠가 네 공을 인정해서 상을 주고 싶어 해." 라고 말이다.

응?

앤의 오빠 그렉 마페이Greg Maffei는 케이블 TV의 원조 짱[6]이라 할 수 있는 존 멀론John Malone이(#쿨내쩔음) 설립한 미디어

기업, 리버티 미디어Liberty Media의 CEO다. 그전에는 마이크로소프트 사의 CFO였는데, 내가 보기에는 이게 더 멋있고 완전 힙하게 느껴진다. 1990년대를 주름잡은 악의 제국의 CFO라는 직책은 마치 재계의 다스 베이더 같다고나 할까? 하지만 그렉은 어둠의 제왕이 되기에는 너무도 호감형인지라, 나는 그가 황제를 물리친 후 가면을 벗고 어둠에서 돌아온 다스 베이더라고 상상한다.

아무튼, 그래서 얼른 메일 수신함을 뒤져보았더니 거기에 내가 '2018년 미디어 포 리버티 어워드Media for Liberty Award' 수상자로 선정되었다며 그렉과 동료들이 보낸 축하 이메일들이 있었다. (의도치 않게) 나는 이 이메일들을 두 달 동안이나 무시할 정도로 참 품위가 넘쳤다.

리버티는 5년 전에 정치와 경제의 교차점에 대해 글을 쓰는 작가와 기자들을 위한 상을 만들었다. 그 행사에 초대받아 참석한 임원들 모두가 그렉에게 진짜, 진짜로 정중하게 대한 것으로 보아(1990년대 마이크로소프트의 CFO였다는 앞부분 내용 참고) 그렉은 분명 억만장자일 것이다. 그러니 나 같은 일개 교수가 회신조차 하지 않은 것은 그저 제정신이 아니었다고 밖에 생각할 수 없을 것이다.

그래서 나는 얼른 그렉에게 답 메일을 보냈고('네, 정말 기쁘네요. 감사합니다.'), 워싱턴 D.C.의 뉴지엄Newseum에서 저녁과

음주를 겸비하여 진행되는 시상식에 참석해 수상하기로 했다. 참고로, 월간 잡지 〈워싱토니언Washingtonian〉에 따르면 뉴지엄은 2016년 워싱턴 D.C.에서 가장 많은 사랑을 받은 박물관이다.

나는 그날을 생각하며 하루에도 몇 번씩 롤러코스터를 탔다. 너무 신이 났다가도 급속도로 긴장되고 불안해졌다. 내가 너무 큰 욕심을 부리는 게 아닌가 걱정스러웠다. 당시 내 심정을 한마디로 표현하자면 이랬다.

"나는 사. 기. 꾼이다."

점점 더 많은 주목과 인정을 받게 되면서 내 어깨에 앉은 한 사내가 귀에 대고 속삭인다. "장난해? 넌 사기꾼이야."[7]

성공이 눈앞에 다가올 때면 언제나 내가 그들을 '속이고' 있는 기분이었다. 학자로 인정을 받는 것도, 기업가로 보상을 받는 것도 타당하지 않았다. 나는 항상 언젠가는 진짜 내 모습이 들통날 것이라는 불안감에 시달렸다. 가난한 집에서 태어나 학창시절 성적도 별로였고 인간관계도 시원치 않았으며, 이기적이고 별 재능도 없는 놈, 진짜 유일한 재능이라고는 자기 홍보와 다른 사람의 공을 가로채는 기술뿐인 사기꾼 자식.

이러한 나의 불안감은, 성공한 사람들 대부분이 자신의 능력 밖의 지점에 도달한다는 사실을 깨달으면서 차츰 소멸되는 중이다. 미국인의 70%[8]가 '가면 증후군(자신의 성공과 명성이 전부 운과 우연으로 만들어졌고 주변 사람들을 속이며 살아왔다고 생각하는 불안 심리 - 옮긴이)'을 겪고 있다고 한다. 심리학자들은 이러한 생각을 억누르려고 노력하지 않으면 그 생각은 점점 더 커진다[9]고 조언한다. 그래서 나는 내 자신을 좀 봐주기로 했다. 분명 그 과정에서 힘든 일도 겪었고, 위험도 감수했고, 베풀기도 했으니까.

여전히 불안감은 내 귀에 대고 "네가 진짜로 어떤 인간인지 나는 잘 알지." 하고 속삭인다. 나는 이것이 모두가 나에 대해 그렇게 생각한다거나 확실히 그렇다는 사실이 아니라, 그저 나의 노파심이기를 바란다.

가면 증후군을 겪는 사람들

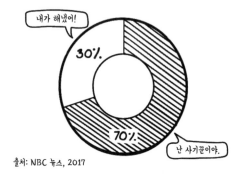

출처: NBC 뉴스, 2017

불안한 스콧, 워싱턴에 가다

저녁 식사와 시상식은 근사했다. 미국 국회의사당을 내려다
보고 그날을 가만히 되돌아보면서 나는 미국인이라는 사실에
감사했다. 내 어깨에서 조잘거리는 목소리를 무시하고 그렉과
대화를 나누는 동안 나는 괜찮아 보이기 위해 모든 기술을 총
동원했다. 그렉은 다른 사람들이 하는 일을 더 잘하도록 돕는
재주가 뛰어난 사람이다.

청중들 가운데에는 4학년 때부터 친구로 지내온 절친부터
플로리다에서 새로 사귄 친구들과 그 중간 즈음에 속한 12명
쯤 되는 내 친구들이 함께 자리했다. 중요한 행사들 상당수가
그렇듯 그 자리에도 약간은 울적한 순간들이 있었다. 어머니
가 이런 내 모습을 볼 수 있었더라면, 아버지가 건강이 좋으셔
서 그 자리에 함께하실 수 있었다면 얼마나 좋았을까…. 그 자
리에 참석한 좋은 친구들 중에는 남편의 건강이 몹시 위독한
친구도 있었다. 그 친구가 지고 있는 슬픔의 무게를 나도 느낄
수 있었고, 그 자리에 참석하기 위해 그녀가 얼마나 큰 결심을
했을지도 알 수 있었다. 또한 나를 위해, 이 순간을 함께 축하
해주기 위해서 6시간이나 비행기와 기차를 타고 달려와 준 친
구들과 아내의 사랑이 느껴졌다.

사랑하는 사람들과 함께할 수 없다면, 성공은 그저 연필로

끼적인 한순간에 불과하다. 사랑하는 사람들과 함께할 때 그것은 유성펜으로 기록한 진짜 추억이 된다. 나를 불안하게 만드는 목소리는 여전히 내 어깨 위에서 속삭인다. 하지만 내가 인정받고 사랑받고 있다고 느끼면 그 목소리는 차츰 작아진다.

나의 가치는
무엇으로 이루어지는가

5살 때쯤이었나. 나는 아버지 주위에서 사람들의 행동이 달라진다는 사실을 알아챘다. 그들은 아버지의 눈을 지그시 바라보고 고개를 끄덕인 다음 호탕하게 웃었다. 여자들은 아버지의 팔을 만지고 활짝 미소를 지었으며, 남자들은 아버지를 보면 "토미!"라고 크게 부르면서 진심으로 반가워했다. 아버지는 표현방식이 절묘했으며, 재미있고 영리한 사람(다른 말로 영국인)이었다. 분명하면서도 약간 불손하고 똑똑하며, 거기다 스코틀랜드 억양까지 가미되어 아버지는 언제나 여자들과 고용주들에게 인기 만점이었다.

이 모습을 어머니는 내게 "네 아빠는 매력적이지."라는 말로 설명하셨다. 모임에서는 자연스럽게 아버지 주위로 반원이 형성되었고, 아버지는 농담을 하거나 우주부터("그게 진짜 끝이 없으면 모든 일이 벌써 일어났겠지.") 경영에 이르기까지("중요한 건 훌륭한 직무기술서라니까!") 다양한 주제에 대해 의견을 피력하셨다.

이러한 매력 덕분에 아버지는 10여 년간 미국 서부 지역과 캐나다를 돌아다니며 15분 동안 열변을 토하시고 시어스(Sears, 미국 대형 유통업체 – 옮긴이)와 로우스(Lowe's, 미국의 주택 개보수 용품 및 기기 소매점 체인 업체 – 옮긴이)의 아웃도어 · 정원 부서의 매니저들과 가짜 우정을 유지했고, 우리 가족은 중산층의 삶을 누릴 수 있었다.

한번은 아버지와 함께하는 대가로 아버지의 친구들 200여 명이 똥 포대를 과하게 주문해야 했다. 글로벌 전보전신 복합 기업인 '오엠 스콧 앤 선즈 컴퍼니O. M. Scotts & Sons'에서 아버지가 비료 영업을 맡고 계셨기 때문이다.

50대 후반에 아버지는 전보전신 기업에서 막 해고된 중간 관리자는 더 이상 포춘 500대 기업에서 환영받지 못한다는 사실을 몸소 확인하셨고, 지역 전문대에서 일반인을 대상으로 하는 세미나를 열기 시작하셨다. 싸구려 형광등 때문에 그 강의실은 동독의 어느 병원 수술실처럼 느껴졌다. 접이식 의자 8개가 6줄로 놓여있었고 머리 위에는 슬라이드 영사기 1대와 얼룩진 슬라이드들이 있었으며, 뒤쪽에 있는 테이블 위에는 반쯤 빈 2리터짜리 닥터페퍼, 스프라이트, 다이어트 콜라와 새어머니가 구워 오신 레몬파이들이 놓여 있었다.

아버지의 강연에는 주로 50대, 60대로 보이는 사람들이 15명쯤 참석했다. 아버지는 90분 동안 강연을 하셨는데, 중간에 잠시 쉬면서 교실을 돌아다니고 담배를 피울 수 있는 휴식 시간을 주셨다. 나는 10대 때 그 자리에 몇 번 참석했다. 그 나이에는 부모님과 관련된 모든 일이 시시하다고 느껴지게 마련인데, 이것은 특히 더 슬프고…, 비참할 정도였다. 대부분이 골초에다 실업자인 이들에게 아버지는 자신의 지혜를 전달하면서도 주유비와 다과 준비 비용으로 10~20달러를 쓰셔야 했으니 말이다.

하지만 아버지는 이 세미나를 하던 때를 가장 행복했던 시기로 기억하신다. 아버지는 한 무리의 사람들 앞에서 연설을 하거나 가르치는 일, 바로 당신이 있어야 할 곳에 계셨던 것이다.

한 세대를 건너뛴 매력

아쉽게도 나는 아버지의 그런 매력을 물려받지 못했다. 오히려 반대라고 볼 수 있는 공격적인 성향을 갖게 되었다. '권력자에게 진실을 말하는' 유의 공격성이 아니라, 눈치 없이 '정확히 잘못된 순간에 정확히 잘못된 말을 내뱉는' 유의 공격성이다. 때문에 나는 착한 사람들의 마음에 상처 주는 말을 자주 하거나 이메일을 보내는데, 나도 그 사실을 잘 알고 있다. 변명은 하지 않겠다. 내가 성공했다는 이유로 사람들은 종종 이런 무례함을 정직함이라거나 심지어 '리더십'이라고 치켜세우지만 사실은 그렇지 않다. 그냥 못된 행동일 뿐이다. 나는 이런 부분을 고치기 위해 노력하고 있다.

하지만 창문 없는 이사회 회의실이나 맨해튼 미드타운의 55층 회의실, 호텔의 지하 강연장에서라면 나는 아버지로부터 그곳을 가득 채운 사람들의 마음을 사로잡는 능력을 물려받았다. 대부분의 사람은 청중의 수가 많아지면 점점 더 긴장하고 불편해한다. 나는 정반대다. 1대 1로 누군가를 만나면 어쩔 줄을 모르겠고 불안하기까지 한데, 강연장에 사람들이 가득 들어차면…, 무언가 내 안의 다른 기술들의 스위치가 켜진다. 수십 명 앞에서는 날카로운 통찰력이 생기고, 수백 명 앞에서는 유머와 훈훈한 마음이 퍼진다. 그리고 수천 명 앞에서는 아드레날린이 솟구치고, 내 능력치를 넘어서는 영감까지 얻을 수 있는 자신감이 샘솟는다. 내 생각이 틀릴 수도 있지만 마음만은 떳떳하다. 나는 모든 사람들과 눈을 똑바로 마주치고 지금 내가 하고 있는 말이 진실이라고 믿는다고 단언할 수 있다.

스탠드업 코미디

청중을 사로잡는 기교를 갈고닦기 위해 코미디언들은 클럽에서 스탠드업 코미디를 한다. 내게 스탠드업은 수업이다. 매주 화요일 밤마다 MBA 과정 2학년 학생들 170명 앞에서 기술을 연마한다. 나는 어느 이사회나 중요한 상업 부동산 중개인들의 모임보다 수업에 훨씬 더 집중하고 훨씬 더 많은 노력을 쏟아붓는다. 보수는 학교 강단에 서는 것이 시간당 1,000달러 정도 더 적지만 말이다(참고로 수업 외에도 수업 준비를 하고 학생들을 만나느라 몇 시간씩 보내는 것을 고려하면 이 금액 차이는 실제보다도 훨씬 더 크게 느껴진다). 게다가 강단에 서기까지 견뎌내야 할 고생은(높은 학위, 부서 내 정치 등) 실로 어마어마하다.

재능보다 기회가 만들어낸 결과

우리 아버지는 오직 2가지 경우에만 비행기에 오르신다. 손자들을 보거나 친구들과 시간을 보내는 것은 해당되지 않는다. 아버지는 오직 토론토 메이플 리프스 팀의 아이스하키 경기를 보시거나, 아들이 학교에서 강의하는 모습을 보기 위해서만 비행기에 오르신다. 아버지는 강의실 맨 뒷줄에 앉으신다. 나는 수업을 시작할 때 청강생에게도 전부 자기소개를 요청한다. 거의 매 수업마다 호기심 가득한 학부생들이나 경영대학원 지원자들 5~6명이 청강하러 오기 때문이다. 아버지는 다른 사람들이 먼저 자기소개를 할 때까지 기다리신 후, 마지막에 목소리를 가다듬고 "스콧의 아빠, 톰 갤러웨이입니다."라고 하신다.

잠시 조용해졌다가 박수가 터진다. 아버지는 그다음 3시간 동안 내 말 한마디 한마디와 움직임 하나하나에 눈을 고정하신다. 88세의 아버지가 나를 보며 연설자로서 당신의 잠재력을 모두 펼쳐 보일 기회를 갖지 못했던 과거에 대해 회한을 느끼실지, 아니면 갤러웨이 2.0 버전을 보며 진화 과정의 보상을 느끼실지 잘 모르겠다.

그렇게 강의실에서 아버지를 보면 당신 이야기를 듣게 하려고 사람들을 레몬파이와 음료로 회유하던 처지와 1분당 2,000달러를 받으면서 기업에서 강연을 하는 사람의 처지는 재능의 차이가 아니라는 생각이 든다. 아버지의 재능이 내 재능보다 훨씬 더 크기 때문이다. 내가 강단에 설 수 있는 이유는 어쩌면 1960년대에 미국에서 태어났다는 점[10]과 가난한 싱글맘의 아이에게 세계 최고의 대학에 들어갈 기회를 허락해준 캘리포니아 주 납세자들의 관대함 덕분일 것이다. 아버지로부터 물려받은 재능과 새어머니가 사랑으로 키워준 튼튼한 자존감의 조화 덕분에 나는 사람들이 가득한 방에서 그들

의 눈을 똑바로 보며 "저는 이게 사실이라고 믿습니다."라고
말할 수 있는 기술과 기회를 얻었다.

당신의 가치를 제대로 파악하라

빅테크(big tech, 구글, 마이크로소프트, 페이스북, 아마존 등 인터넷 플랫
폼을 기반으로 하는 거대 정보기술 기업을 가리키는 용어 - 옮긴이)에 대
한 우리 사회의 열광 덕분에 나는 넘실넘실 순풍을 타고 있다.
내 전문 분야인 빅테크의 인기가 최고로 뜨겁고 경제도 호황
이기 때문이다. 과하게 고학력인 L2의 20대 직원 수십 명이
열심히 수집하여 통찰력을 불어넣은 자체 데이터, 세계 최고
수준의 창의적인 팀이 설계한 이미지와 도표들이 이러한 첨
단기술과 결합하여 내 뒤에 펼쳐진 스크린에서 파바로티처럼
노래하고 있다.

　모든 것이 그러하듯, 나의 시장가치는 차츰 떨어질 것이다.
사람들은 내가 이야기하는 주제들에 곧 싫증을 낼 것이고, 나
는 내 이야깃거리들을 그냥 괜찮은 정도가 아니라 훌륭하게
만들어주는 자료들에 더 이상 접근하지 못할 것이다. 아니면,
창의적인 사고가 아예 멈춰버릴 가능성도 높다. 젊고 창의적
인 이들과 함께 일하고, 업계에서 가장 똑똑하고 명석한 브레
인들을 곁에 둔 것이 내게는 레이 찰스의 헤로인과 같다. 그게

사라지면, 더 이상의 대박도 없다.

또한 내가 재직하고 있는 뉴욕대학교와 나의 관계를 전반적으로 표현하자면, 나는 수많은 학생을 가르치고 여러 행사에서 강연을 하며, 그 대가로 학교는 나를 참고 견뎌주는 사이다. 3~4년에 한 번씩, 새로운 학과장이나 총장은 내게 수업을 더 많이 하라거나, 직위를 바꾸라거나, 아니면 나를 열 받게 하는(?) 다른 뭔가를 하라고 요청한다. 그럼 나는 펜실베이니아대학교 와튼스쿨이나 코넬 테크로 옮기겠다고 협박하고, 그러면 대부분 내가 원하는 대로 일이 풀린다. 까다로운 유명배우나 골칫거리 같은 존재를 떠올리면, 아마 정확할 것이다. 게다가 나는 스턴 경영대학원의 직원처럼 행동하지 않고 프리랜서처럼 구는데, 이 점이 학교 관계자들을 미치게 만드는 것 같다.

지금은 나의 전성기이다. 나는 학생들을 잘 가르치고 '스턴 경영대학원'의 이름을 떨치는 데 단단히 한몫하고 있다. 그래서 학교는 나를 참고 견뎌준다. 그러나 내 가치가 떨어지기 시작하면(그리고 이건 오로지 시간문제다), 그들은 인기 없는 2교시 프랑스어 수업처럼 나를 내동댕이칠 것이다. 암, 그렇고 말고.

자네가 마크 저커버그는
아니지 않나?

성공한 기업인들의 특성은 디지털 시대에도 크게 변하지 않았다. 브랜드를 만드는 사람보다 상품개발자들이 더 많이 필요하며, 창업 멤버의 일원이나 측근으로 최신 과학기술 전문가 1명을 포함하는 것이 핵심이다. 하지만 기업가가 되고자 한다면 다음의 4가지 테스트 또는 질문들도 해보아야 한다.

1. 수표의 뒷면이 아니라 앞면에 서명할 수 있는가?

2. 공개적인 실패를 편안하게 받아들일 수 있는가?

3. 영업을 좋아하는가?

4. 얼마나 공격적으로 위험을 감수하는가?

자기앞수표에 서명할 수 있는가?

훌륭한 사업체를 세우고도 남을 만한 기술을 전부 갖춘 사람들은 많다. 그러나 그들 모두가 번듯하게 사업을 성공시키지는 못한다. 주당 80시간을 일한 대가로 매월 말 자기앞수표(발행인(은행)이 자기를 지급인으로 정하여 발행한 수표 – 옮긴이) 1장을 써주기 위해서 회사에 가는 일을 절대 못할 것이기 때문이다.

회사를 설립한 후 회사를 성공으로 이끌거나 초기 투입자본을 마련하지 못한다면, 엉덩이에 땀띠가 나도록 열심히 일한 훌륭한 직원들을 위해 자본을 마련할 수 있을 때까지 당신의 돈을 회사에 쏟아부어야 한다. 그리고 벤처기업들은 대부분 절대로 필요한 돈의 전부를 모으지 못한다. 거의 모든 사람들이 임금을 받지 않고 일한다는 개념을 이해하지 못한다. 그리고 99% 이상이 절대로 노동의 즐거움을 위해 자기 돈을 포기하는 위험을 무릅쓰지 않을 것이다.

공개적인 실패를
편안하게 받아들일 수 있는가?

대부분의 실패는 비밀이다. 로스쿨은 나에게 맞지 않는다고 결론을 내리거나(실은 로스쿨 입학시험의 폭망), 아이들과 시간을 더 많이 보내기로 결심하거나(회사에서 잘림), 아니면 '프로젝트'를 계속하기로 한다(구직 실패). 그러나 사업 실패는 숨길 수가 없다. 그건 바로 당신이 자초한 일이고, 당신이 그토록 훌륭하다면 당신의 사업 역시 분명 성공했을 것이기 때문이다. 그렇지 않은가? 그리고 결과가 좋지 않을 때의 그 기분은 마치 초등학교에 있는 것만 같다. 시장Market은 6학년 교실이고 당신이 바지에 오줌을 싸서 모두가 비웃고 있는 상황이라고나 할까.

영업을 좋아하는가?

'기업가'라는 말은 '영업사원'과 동의어다. 사람들을 회유하여 당신의 회사에 합류하도록 하고, 그들이 퇴사하지 않고 계속 근무하게 해야 하며, 투자자들과 또 당연히 소비자들도 설득해야 한다. 길모퉁이 가게를 운영하든 핀터레스트Pinterest를 운영하든, 마찬가지다. 사업을 시작할 계획이라면 우선 사람들을 설득하는 데에 굉장히 뛰어나야 한다. 영업은 당신의 말을 듣고 싶어 하지 않는 사람들에게 전화해 그들을 좋아하는 척하며 냉대를 당하고도 다시 전화를 거는 일이다. 나는 어떠냐고? 영업을 하기에는 이제 내 자존심이 너무 세져서 나는 또 다른 사업을 시작하지는 못할 것이다. 나는 우리 L2의 천재

집단 정도면 저절로 판매되는 상품이라고 착각하기도 하는데, 때로는 이게 사실일 때도 있다. 당신이 직접 나서서 공개적으로 그리고 반복적으로 굴욕을 참지 않아도 되는 상품 하나쯤이 어딘가에 분명 있을 것이다. 아니다. 미안하지만 실제로 그런 것은 없다.

구글에는 어떠한 질문에도 척척 대답을 하고 상품구매에 분명하게 관심을 표명한 사람들을 구별해낸 다음, 바로 그 순간에 그 사람들에게 광고를 하는 알고리즘이 있다. 하지만 구글 역시…, 그 망할 상품을 구글 밖으로 팔기 위해 평균적인 IQ와 뛰어난 EQ를 지닌 매력적인 직원을 수천 명이나 고용해야 한다. 사업은 자본을 모으거나, 수익을 내거나, 아니면 파산을 하거나, 셋 중 어떤 상황이 먼저 오느냐에 따라서 판세가 달라진다. 그전까지는 네거티브 커미션이 붙은 영업사원일 뿐이다.

좋은 소식이 하나 있다. 당신이 영업을 좋아하고 영업에 타고난 소질이 있다면, 얼마나 열심히 일하느냐에 따라서 당신의 동료 중 그 누구보다도 더 많은 돈을 벌 것이다. 그리고 그 이유로 동료들은 당신을 미워할 것이다.

얼마나 공격적으로 위험을 감수하는가?

대기업에서 성공적으로 살아남기란 쉽지 않으며, 그러려면 여러 가지 독특한 기술이 필요하다. 일단 다른 사람들과 잘 지내야 하고, 언제 어디에서나 불공정한 처사와 헛소리들을 견뎌내야 하며, 일 잘하는 사람으로 주주들의 눈에 띄어야 하고, 경영진의 지지를 받는 등 정치적으로도 요령 있게 굴 줄 알아야 한다.

그럼에도 당신이 대기업을 다니는 일에 유능하다면, 위험 조정의 측면에서 볼 때 작은 회사가 직면하는 엄청나게 불합리한 일들로 사서 고생하지 말고 그저 하던 일을 계속하는 편이 낫다. 나는 역사상 전례 없는 경기 호황을 누리고 있는 미국 최고의 대기업에서 성공할 만한 기술을 갖추지 못했기 때문에, 나에게 기업가라는 직책은 일종의 생존 메커니즘이었다.

대학을 중퇴하고 성공한 억만장자의 이야기가 끝도 없이 알려져서 그런지, 기업가라는 직책이 다소 미화된 경향이 있다. 앞서 나열한 질문들이 당신의 성격과 기술에 맞는지, 스스로 생각해보고 주위의 믿을 만한 사람들에게도 물어보라. 만약 처음 2가지 질문에 긍정적으로 답했다면, 그리고 동시에 당신이 대기업에서 성공할 만한 기술을 갖추지 못했다면, 이 혼돈의 원숭이들이 득실거리는 소굴로 들어오기 바란다.

몸을 사려야 할 때를
알아라

1999년의 어느 날, 나를 포함한 샌프란시스코의 인터넷 기업 설립자들과 CEO들 한 무리가 시끌벅적하게 비행장으로 향했다. 전용기를 훑어보기 위해서였다. 당시 34살이었던 내가 시속 약 9,800km의 속도로 창공을 가로지르며 나를 이동시켜 줄 방 한 칸짜리 아파트(전용기)를 사는 것이 이론상으로는 가능한 일이었다. 나는 걸프스트림 전용기 1대에 우리 어머니의 월급 수천 년 치를 쓸 수 있을 만큼 겁나 천재였으니까.

고작 서른 몇 살짜리들 한 무리가 비행기 쇼핑을 하면서 그걸 정상으로 느낀다는 것은, 위험한 상황이 코앞에서 주둥이를 쭉 빼고 기다리고 있다는 신호다. 좀 더 정확히는 막 움트기 시작한 이 우주의 주인들이 곧 귀싸대기를 맞을 참이라는 신호다. 실제로 우리가 그랬다. 다행히 나는 제트기를 사지 않았다. 대신 제트블루 항공사 마일리지로 모자익 등급을 달성했다.

JP모건 체이스의 최고 경영자 제이미 다이먼Jamie Dimon은 금융위기를 '5~7년마다 늘 일어나는 일'[11]이라고 정의한다. 마지막 금융위기가 발생한 지 12년째다. 실제 주기를 관찰할 수 있을 만큼 연륜이 생기면, 현재의 경제상황이 곡선의 한 지점이라는 사실을 깨닫기 시작한다. 그리고 당신의 생각보다 더 빠르게 그 선의 방향은 좋아지거나 나빠지거나, 어느 쪽으로든 변할 것임을 인지한다.

자산 거품[12]이란 낙관주의의 물결로 인해 가격이 근본 원칙으로 보증되는 수준을 넘어선 상황으로, 결국은 폭락하며 막을 내린다. 1999년에 나는 다음번에는 더 똑똑하게 행동하겠다고 내 자신에게 약속했다. '다음번'이란 호황기와 불황기가 교차되는 시점을 뜻한다.

그렇다면, 우리가 위험지대에 진입했는지를 어떻게 알까? 행동을 조정해야 하는지 어떻게 알 수 있을까? 뉴욕대학교의 내 동료들이 오랜 시간 동안 고민하여 알아낸 아주 정확한 방법들을 포함하여 우리가 최악의 거품 상태로 치닫고 있다는 근거[13]를 제시해주는 몇 가지 명백한 측정방법들이 있다. 하지만 1999년과 2019년의 유사성[14]을 알아내기 위해서 굳이 노벨상을 언급할 필요는 없다. 여기에서는 좀 더 쉬운 측정방법들로 위험 신호를 예측할 수 있다.

시장이나 회사가 경제 순환주기에서
잘못된 방향으로 가고 있는 징후들

• **가치 평가, 주가 수익 비율, 과장된 신용 거품과 관련한 측정방법들은 위험을 예고하는 논리적인 지표들이다.** 혜성처럼 등장한 헤지펀드 매니저 세스 클라먼Seth Klarman은 고高 콜레스테롤과 같은 보호무역주의와 결합한 일시적 상승 상태는 끝이 좋지 않다고 경고했다.

• **국가와 기업들이 대형 빌딩을 세우기 시작하면 조심하라.** 메트 라이프 빌딩, 시어스 타워 등 신흥 시장에서 어머니 대지에 처박아 세운 수많은 거대한 건물들은 수십억 달러짜리 음경 모형에 지나지 않는다. 당시에는 좋은 생각 같았겠지만 가치가 떨어진 지금은 조잡하기 그지없을 뿐이다.

• **CEO의 자아 표출은 보통 기업 내에서 가장 분명하고 절망적인 위험 징후다.** 가장 강력한 매도의 신호는 CEO가 할리우드로 진

출하거나, 자신이 패션 잡지의 표지나 광고에서 빠지는 바람에 세상이 불이익을 보는 일은 없어야 한다고 믿을 때다. 제이 크루J. Crew의 광고에 등장한 텀블러Tumblr의 CEO 데이비드 카프David Karp와 갭Gap 광고에 나온 포스퀘어 공동창업자 데니스 크로울리Dennis Crowley는 자신들의 회사가 곧 옛 모습과 가치를 잃을 것이라고 주주들에게 미리 알려줬어야 했다. 〈보그〉 9월호에 실린 3,000자짜리 마리사 메이어Marissa Mayer(前 야후 CEO)의 소개 기사와 그즈음 그녀가 주주들의 돈 300만 달러를 〈보그〉의 멧 볼(Met Ball, 메트로폴리탄 미술관에서 열리는 연례 기금 모금 행사로 셀러브리티들의 럭셔리 블록버스터급 행사다. – 옮긴이)을 후원하는 데 사용한 것은 CEO로서 형편없는 의사결정을 암시했다. 이런 식의 판단 때문에 마리사 메이어는 주주들의 돈 수십억 달러를 제이 크루 광고에 나온 남자의 블로그 플랫폼(텀블러)을 인수하는 데 쓰게 되며, 나중에야 거의 수익을 내지 못하는 한낱 포르노 사이트에 불과한 것에 11억 달러나 썼다는 사실을 깨닫고 만다.

• **CEO의 패션으로도 짐작할 수 있다.** CEO가 검정색 터틀넥을 입고 무대에 오르기 시작하면("내가 차세대 스티브 잡스다!"), 그것은 잡스의 환생이 아니라 그 회사의 주가가 곧 곤두박질치거나(트위터의 잭 도시Jack Dorsey처럼) 아니면 식품의약국FDA

이 실험실 운영을 금지시킬 것이라는(엘리자베스 홈즈Elizabeth Holmes처럼) 의미일 가능성이 크다. 제2의 스티브 잡스로 불리며, 스타트업 테라노스의 CEO였던 홈즈가 개발한 의학 키트 '에디슨'은 극소량의 혈액으로 250여 종의 질병을 진단한다는 공표와 달리 의학적으로 전혀 신뢰할 수 없고 16종의 질병만 진단할 수 있다는 사실이 밝혀졌다.

• **평범한 스펙 + 기술 분야 경험 2년 = 억대 연봉.** 프로그램을 코드화할 수 있고[15] 학교를 졸업한 지 2년밖에 안 된 평범한 젊은이들이 시장에서 억대 연봉을 받고 있다. 더 나쁜 것은 그들이 스스로 그럴 만한 가치가 있다고 믿는다는 점이다. 이들은 코드를 좀 다룰 줄 안다고 우쭐대겠지만 진짜 어려운 기술이나 경영능력은 갖추지 못했다. 자신이 과하게 많은 급여를 받고 있다는 사실을 인지하지 못하면, 현실이 냉혹해질 때마다 부모님 집 지하실을 벗어나기 위한 자금 역시 마련하지 못할 것이다.

• **상업용 부동산을 위한 입찰 경쟁.** 투자자들이 다음 세대의 구글이라고 믿는 회사들은 저리 융자금으로 무장하고 뉴욕이나 샌프란시스코 거리를 배회하며 상업용 부동산의 가격을 끌어올린다. 이들은 뉴욕시의 대형 블록들을 사들이고 있는 4대

기업(아마존, 애플, 페이스북, 구글)과도 경쟁한다.[16, 17]

- **어처구니없는 젊음 숭배.** 나는 32세에 스위스 다보스에서 열린 세계경제포럼의 연례회의[18]에 초대받았다. 금융위기가 닥치기 전이었고 인터넷 기업가들이 우주의 새 주인으로 막 등장할 무렵이었다. 거기에서 나는 나에게서 비즈니스적 통찰력을 얻고자 하는 CEO 몇 명을 만났다. 분명 당시의 내겐 독특한 통찰력이 있었으니까. 아니, 솔직히 말해 내게 통찰력 같은 건 없었다. 나는 그럭저럭 재능이 있는 32살 청년이었고, 아마도 다른 시대에 태어났더라면 그냥 비루하지 않게 살 만한 정도였을 것이다. 하지만 거기서 나는 마치 스타워즈의 요다같았다. 나는 나보다 훨씬 더 훌륭하고 재능 있는 경영자들에게 그들의 회사가 반드시 해야만 하는 일에 관해 연설했다.

그러다 인터넷 기업들이 무더기로 파산하기 시작했을 때 나는 34살이었고 또다시 다보스를 찾았다. 하지만 이번에는 아무도 나를 붙잡지 않았다. 나를 만나고 싶어 하는 사람이 없었기 때문이다.

경기가 안 좋을 때 사람들은 나이가 지긋한 리더를 찾는다. 반대로 경기가 좋거나 거품이 심할 때는 젊은 리더를 찾는다. 스냅챗의 에반 스피겔Evan Spiegel이나 잭 도시는 놀라울 정도로 재능이 뛰어난 청년들이다. 이들은 수백억 달러까지는 아니더라도, 수억 달러, 어쩌면 10억 달러 정도의 가치가 있을 법한 회사들을 설립했다. 스냅Snap, 위워크WeWork, 우버Uber, 트위터의 가치를 합하면 보잉Boeing보다도 큰데, 이 기업들은 모두 재능 있는 젊은 청년들이 경영한다.

나는 어린 CEO들의 가장 큰 특징을 알고 있다. 나 역시 20대 때 새로운 경제체제에서 창업을 하고 CEO로 경영을 해 보았기 때문이다. 내 경험을 돌이켜 보면, 그들은 너무도 어리석어서 자신들이 실패할 수 있다는 사실을 알지 못한다. 어린 CEO들은 정신 나간 방법들을 시도하고, 때로는 그냥 미치광이 천재로 끝나버리는 길을 선택하기도 한다. 수백 또는 수천 가정의 생계가 달린 회사를 운영하기에 대부분은 그저 너무 미숙하다.

테크 붐이 지속된다면, 다가오는 10년 안에 또 어느 10대가 10억 달러 가치의 테크 회사를 설립하고 CEO가 될 것이다. 그렇게 되지 말라는 법도 없다. 그런 상황이 오면 우리는 정말

로 '경제 좀비 대재앙' 위기에 처할 것이다. CEO가 검정색 터틀넥을 입고, 직원들을 거지같이 대우하고, 문신과 코걸이와 젊음을 상징하는 여타 장신구들을 자랑스럽게 드러내고 다니면 사회는 그들을 예수 그리스도처럼 대접할 것이다. 왜냐하면 지금 우리는 인격이나 친절함보다, 혁신과 젊음이라는 제단을 숭배하니까.

무엇이든 잘나갈 때
시작하는 것이 좋다

성공이냐 실패냐를 결정짓는 가장 강력한 요소가 뭘까? 그것은 바로 '언제 시작하느냐'다. 나는 9개의 회사를 혼자 설립하거나 혹은 공동으로 설립했다. 성공한 회사들은 불황기에서 빠져나올 때(1992년과 2009년) 설립했다. 그때는 인건비, 부동산비, 그리고 서비스 비용들 모두 상대적으로 덜 비쌌다. 인재역시 마찬가지다. L2의 최고전략책임자는 2009년에 우리 회사에 합류했는데 그녀야말로 우리 회사를 성공으로 이끈 가장 강력한 비밀병기였다. 당시에 그녀는 한 컨설팅 회사에 입사하려던 참이었는데 입사가 연기되었고(참고: 불경기), 내가 제안한 시간당 10달러가 그녀가 선택할 수 있는 가장 훌륭한 옵션이었다(지금은 물론 훨씬 더 많이 받는다).

호황기에(1998년과 2006년) 시작했던 회사들은 어려움을 겪었다. 뛰어난 사람들은 이미 다른 곳에서 잘나가고 있었으므로 우리 회사가 영입할 수 있었던 사람들은 그저 그랬다. 게다가 저리 융자금은 시장에서 우리의 상품과 서비스의 생존 능력에 환각제 역할을 했다. 당신이 아주 유능하다면, 지금 당장 당신에게 고액 연봉을 주지 않으면 당신이 다른 회사로 떠나고 말 것이라 믿는 대기업에 붙어 있어라. 만약 당신이 벤처 기업을 운영한다면(이 문제에 관한 한 어느 기업이든), 앞으로 한동안 돈을 마련하지 못할 것처럼 돈을 긁어모아라. 100만 달러를 모으는 중이라면, 500만 달러를 모아라. 일반적으로 돈은 모을 필요가 없을 때 모아놓는 편이 좋다. 경영대학원에 가지 마라(물론 뉴욕대학교라면 얘기가 다르지만). 경영대학원은 엘리트 계층과 목적 없는 이들이 점령해버린 지 오래다. 아니면 불경기에 잠시 대피하는 도피처로 전락해버렸다. 만약 호황기에 좋은 회사에서 일을 잘하고 있다면, 그대로 가만히 있어라.

모든 일이 어떻게 펼쳐질지는 두고 볼 일이지만, 곧 불황이 닥칠 것이라고 의심된다면 다음과 같은 몇 가지 조언에 귀 기울이기 바란다.

호황기에 팔아라

2017년에 나는 거품이 터지기 직전이라는 확신이 들었고, 그래서 팔았다. 아니면 최소한 향후 10년 동안은 소유하고 싶지 않거나 소유할 것이라고 생각하지 않는 자산들을 팔았다. 당신이 젊다면 시장에 풀려 있는 당신의 돈은 경기 순환에서 생존할 수 있다(시장의 시기를 맞추기는 어렵다). 그러나 당신이 기업을 운영하거나 전체 자산 중에서 상당한 비중을 차지하는 자산을 깔고 앉아 있다면, 호황기가 매각하기에 가장 좋은 시기는 아닐지 몰라도, 분명 나쁜 시기도 아니라는 점은 장담한다. 2017년에 우리는 L2를 팔았다. 나는 이 회사의 전망에 자신이 있었지만, 말했듯이 시장의 역동성은 개인의 성과를 능가한다. 우리는 8년째 호황기를 누리고 있었고, 조정시기가 눈앞에 다가왔으며, 어쩌면 이미 늦었을지도 몰랐다.

자신의 자산에 극도로 집중하여 수십억 달러를 번 사람들의 사례들(제프 베조스나 빌 게이츠, 마크 저커버그 등)이 아무리 잘 알려져 있다한들 당신은 이런 사람들 중 1명이 아니라고 앞에서도 여러 번 말했다. 투자와 부의 증식에 관한 만고불변의 진리를 따라야 한다. 바로 '다각화'다. 만약 운이 좋아서 주식이든 주택이든 당신의 자산 중 1가지가 극적으로 빨리 증식하여 전체 자산에서 막대한 비중을 차지하게 되었다면, 가능한 한 빨리 거기서 최대한 많은 현금을 확보해라.

이때 누군가가 팔지 말라고 압박한다면, 당신에게 압박을 가하는 사람들이(이사회, 투자자들, 시장, 언론매체 등) 이미 부자인지 자문해보라. 그리고 만약 그렇다면, 그 사람들의 의견은 무시해도 좋다. 나의 경험상 자산들 중 1가지가 상당히 불어났는데(보통은 내 회사 중 한 곳의 주가가 급등해서) 유동성을 추구하지 않은 경우에 시장이 개입해서 회사의 가치를 폭락시킴으로써 나 대신 다각화를 해주었다. 그러므로 시장이 손을 대기 전에, '당신'이 당신 자산의 다각화를 실행하는 주체가 되어야만 한다.

현금

나는 전체 자산 중 현금이 80% 정도의 비중을 차지한다. 대부분의 이성적인 자산 관리사는 분명 멍청하다고 욕할 것이다. 설령 이게 멍청한 행동일지라도, 이건 여태까지 내가 해왔던 수많은 멍청한 짓거리들(32세에 고작 400만 달러밖에 수익을 못 내던 첫 회사를 지키겠다고 5,500만 달러를 거절한 일이라든가, 테크 주식에 재산을 몽땅 투자한 일 등)에 비하면 별것도 아니다. 그냥 그렇다는 말이다. 매번 거품이 터지고 나면, 나는 '모아놓은 현금이 많았으면 좋았을 텐데.' 하고 후회한다.

시장이 뒤집혀서 훌륭한 기업들의 주가가 급락하는(윌리엄
소노마 주당 5달러, 애플 주당 12달러 등) 상황이 벌어지기 때문
이다.

다음번에 불경기가 닥치면 제발 제대로 된 기회를 잡고 싶
은 마음이 굴뚝같다. 그래서 기꺼이 현재의 이득을 포기한다.
현명한 재정 조언가들은 항상 시장에 발을 담그고 있으라고
말하지만, 나는 어쩔 수가 없다. 그저 이불 밑에 묻어두고 싶
은 마음을.

겸손하라

당신이 정말로 잘하고 있더라도, 당신이 이룬 성공 중 많은 부
분이 오롯이 당신의 노력이나 재능 때문만이 아니라는 사실
을 깨닫는 것이 중요하다. 당신은 호황기에 휩쓸려 여기까지
왔을 뿐이다. 이런 겸손함은 당신으로 하여금 분수에 맞는 생
활을 하도록 해줄 것이며, 앞으로 처할 수도 있는 어려운 상황

에 재정적으로나 심리적으로 대비시켜줄 것이다. 그리고 시장에서 다음 주기가 찾아오면(분명 다음 주기는 올 테니까), 당신은 다시 한번 (이 역시 당신의 탓도, 당신 공도 아니며, 아무리 멍청이가 된 것 같은 기분이 들어도) 당신은 실제로 그런 멍청이가 아니라는 사실에 위안받을 수 있다.

나를 표현하는
숫자는 무엇일까?

우리가 소중히 여기는 지표들은 우리의 의도와 행동, 가치관의 보호대 역할을 한다. 우리 모두의 몸속에는 삶의 다양한 분야에서 특정 지표에 도달하기 위해 애쓰는 핏비트Fitbit와 애플워치Apple Watch가 있다.

당신이 중요하게 여기는 지표와 숫자들은 당신이 어떤 사람인지에 대해 많은 것을 알려준다. 좋든, 나쁘든, 고약하든, 나에게서 절대로 떨어지지 않는 지표들은 다음과 같다.

순자산

나는 돈에 관한 생각을 많이 한다. 이게 얼마나 지질하게 들리는지 나도 안다. 돈이 별로 없었을 때는 오히려 돈을 좇지 않았다. 그리고 내 주식들이 개박살 났다는 것을 아는 지금도 증권 계좌를 며칠 동안 확인하지 않는다. 괜히 울적해지고 싶지 않고, 대부분의 경우 주식은 회복될 것이라는 사실을 알기 때문이다. 인생에서 벌어지는 사건들이 대개 그러하듯, 시장에서의 수익과 손실은 절대로 보이는 것처럼 늘 좋거나 나쁘지만은 않다. 나는 헤지펀드보다 사모펀드나 벤처 캐피털에 투자하는 것을 더 좋아한다. 매일 득점표를 보는 일은 그 자체로 스트레스를 유발하기 때문이다.

　많은 부자들이 자신은 돈에 대해 크게 생각하지 않는다고 주장한다. 그건 진짜 헛소리다. 그들이 얼마나 돈에 집착하는데! 부자들이 돈 생각을 하지 않는다는 주장은, 아마도 세상에서 가장 부유한 12명보다 자산이 적은 35억 명이 분개하는 것을 누그러뜨리려는 시도일 뿐이다. 부자들이 부자가 된 이유가 단지 너무 자비롭고 재능이 넘쳐서, 그냥 저절로 그렇게 되었다고(어이쿠, 어쩌다 보니 부자가 되었네!) 생각하는가? 앞에서 말했듯이, 당신에게 '열정을 따르라.'고 말하는 사람들은 이미 부자가 된 이들이다. 그들은 오랫동안 악착같이 한 길을 추구했고 성공에 집착해왔다. 그들은 영감을 주는 말, 그럴싸하고 인상적인 말을 당신에게 건네고 싶어 한다. 1주일에 60~80시간씩, 그것도 수십 년간 그렇게 일해야 성공한다고 말하면, 대학 졸업식 연설에서 박수갈채를 받을 수 없을 테니까.

내가 아는 모든 부자는 자신의 순자산을 섬뜩할 정도로 치밀하게 계산하고, 또 자주 측정한다. 그들처럼 계속해서 민첩하게 처신해야 한다. 그렇지 않으면 큰 손실을 보고 만다. 우리는 자본주의 사회에 살고 있으며, 당신이 지금 가지고 있는 돈의 양이 앞으로 당신의 건강, 안락한 주거환경, 조화로운 인간관계, 그리고 자식들이 받을 수 있는 양질의 교육을 보장해주는 지표이다.

580

나는 대학을 졸업한 후 20대 후반에 처음으로 내 집 마련을 위해 주택담보대출을 신청했다. 그런데 대출받기가 상당히 어려웠다. 내 신용점수가 580점이었기 때문이다. 수입이 전혀 없었던 것이 아니었다. 너무나 무책임하고 미성숙해서 제때 고지서들을 납부하지 못했던 탓이었다. 나는 언제나 '580'이라는 숫자를 머리 위에 커다랗게 달고 다니는 기분이었다.

12만과 35만

이것은 내 트위터 팔로워 수와 매주 내가 진행하는 유튜브 방송 '승자와 패자들Winners & Losers'의 평균 조회수다(2018년 말에 '승자와 패자들' 방송은 중단했다). 나는 소셜미디어에 중독되지 않았고 그렇게 즐기지도 않지만, 피드백과 공감에는 중독된 것 같다. 댓글들을 꼼꼼히 읽고 '좋아요'와 '리트윗' 수를 매일 수시로 확인한다. 이럴 때면 도파민이 펑펑 솟구치는 기분이 든다.

3, 4 그리고 2

앞에서도 여러 번 이야기했지만, 나는 회사를 9개 차렸는데 그중 3개는 성공했고 4개는 실패했으며 2개는 그 사이 어딘가에 있었다. 아마도 미국이 아니었다면 다른 어떤 문화권이나 국가에서도 이와 같이 많은 기회를 갖지 못했을 것이다.

1년에 2번

아버지가 죽음에 다가가고 계신다. 임박한 것은 아무것도 없지만, 아버지 연세가 88세이시니 일반적으로 볼 때 그것은 끝이 멀지 않았다는 의미다. 지난 5년 동안 나는 고작 1년에 2번 아버지를 만나러 갔다. 나는 아버지의 삶을 더욱 편안하게 만들어드리기 위해서 적극적으로 노력하고 매주 일요일마다 전화를 드려야겠다고 마음속으로 늘 다짐한다. 하지만 정직하게 평가를 내리면 참담한 진실이 드러난다. 나는 내가 바라는 모습의 아들이 아니다.

400

지난 15년 동안, 나는 해마다 평균적으로 400명의 학생을 가르쳐왔다. 나는 이 아이들을 좋아한다. 그리고 그들 대부분이 나를 좋아하고 내가 도움이 된다고 전해온다. 정기적으로 여러 학생들로부터 연락을 받고, 그들이 보내오는 감사와 존경은 내가 의미 있는 사람이라고 느껴지게 한다.

벤치마크, 지표, 이정표는 아무 의미 없는 것부터 심오한 것까지 범위가 다양하다. 책임과 의무, 통찰력은 수학의 부산물이다. 숫자들을 보면 시장을 보는 안목과 가치가 어떻게 창조되는지를 알 수 있고, 삶을 어떻게 살고 싶은지에 대한 통찰력도 얻을 수 있다. 삶의 지표들을 검토하는 것은 건강에 좋은 운동과 같다. 결론은, 얼른 아버지를 찾아뵈어야겠다.

목표와 수단을
제대로 구분하라

내가 UCLA대학교 1학년이었을 때 데이비드 캐리David Carey
는 4학년 졸업반이었다. 우리는 같은 동아리에서 활동하며 서
로를 알고 있었지만, 성향이 완전히 달랐기 때문에 친하지는
않았다. 당시 데이비드는 '로리'라는 여학생과 진지하게 사귀
고 있었고 교내 신문 〈데일리 브루인The Daily Bruin〉의 발행인
이었다. 그는 알이 커다란 안경을 쓰고 다녔고 족히 마흔은 되
어 보였다. 반대로 나는 너무 미숙해서 연애도 제대로 못 했고
머리는 포니테일 스타일로 묶고 다녔으며 마리화나를 엄청나
게 피워댔고 조정에 미쳐 있었다. 그로부터 30년이 지난 데이
비드는 로리와 부부로 잘 지내고 있고 〈허스트Hearst〉의 경영

을 총괄하며 여전히 커다란 안경을 쓰고 마흔으로 보인다. 나는 여전히 마리화나를 피우긴 하지만 그때와는 완전히 다른 사람이 되었다. 데이비드는, 좋은 의미에서 내가 아는 사람 중 가장 변하지 않는 사람이다.

나는 20대 때부터 데이비드의 커리어가 어떻게 발전해왔는지 잘 알고 있었다. 대학 친구들끼리 만나면 "요즘 누가 제일 잘나가냐?"라는 질문이 빠지지 않는데, 데이비드는 언제나 그 대화의 중심에 있었기 때문이다. 그는 업계 최연소 발행인 중 1명이었다(비즈니스 잡지 〈스마트머니Smart money〉를 기억하시려나?). 그다음에는 아직 30대임에도 불구하고 글로벌 미디어 기업, 콘데나스트Conde Nast에서 잡지 〈뉴요커The New Yorker〉의 발행인을 비롯해 중요한 직책을 맡았다.

데이비드는 종종 내게 연락해 콘데나스트에서 함께 점심을 먹자고 해주었다. 이 시대의 가장 중요한 건축가로 손꼽히는 프랭크 게리가 디자인한 근사한 카페테리아로 위풍당당하게 걸어 들어가 보면, 부모님께 패션 교육이라도 받았나 싶을 정도로 굉장히 스타일리시한 젊은이들이 가득했다. 나는 그들 사이에서 데이비드와 초밥을 먹곤 했다. 고개를 돌리면 〈보그〉 편집장 애너 윈투어Anna Wintour가 모퉁이 칸막이 자리에 콘데나스트의 명예회장인 새뮤얼 어빙 뉴하우스 주니어S. I. Newhouse Jr.와 함께 앉아 있는 모습이 보였다.

당시에 나는 샌프란시스코에서 테크기업을 창업하려고 준비하던 참이었는데, 샌프란시스코는 방에서 나가주면 오히려 고마울 지경인 불쾌한 사람들에게 둘러싸인 곳이었다. 그래서 나는 프라다를 입은 악마 옆자리에서 점심을 먹을 수 있는 뉴욕을 자주 방문하곤 했다. 그 기분은 보람찬 정도가 아니라 끝내주게 환상적이었다. 초대에 대한 답례는 광고로 했다. 우리 회사에 투자해주는 벤처 캐피털들이 우리 브랜드의 인지도를 좀 높여야 하지 않겠냐고 지껄이기 시작하면, 나는 데이비드에게 연락해 〈뉴요커〉와 〈인스타일InStyle〉에 지면을 받고 지면료를 두둑이 냈다. 그러던 어느 날 그 카페테리아에서 식사를 하던 도중에, 나는 불현듯 뉴욕으로 이사를 해야겠다고 결심했다.

콘데나스트를 떠난 후, 데이비드는 허스트 타워 55층에 있는 프라이빗 다이닝룸 2인실로 나를 초대해주었다. 우리는 정장 차림의 웨이터가 유명한 퍼프 페이스트리를 차려주는 곳에서 점심 식사를 했다. 이즈음 나는 뉴욕대학교에서 학생들을 가르치고 있었기 때문에 일과 관련하여 데이비드에게 답례를 제공할 만한 것이 아무것도 없었다. 그러나 나는 그의 친구가 되었고, 데이비드는 정기적으로 친구들에게 연락하는 것을 '인생의 규칙'으로 여기며 살고 있었다. 이제 우리는 업무적으로 겹치는 부분이 거의 없다. 내가 〈에스콰이어Esquire〉 지에 글을 기고하긴 하지만(데이비드의 아이디어다)[19] 우리가 함께 일하는 것은 아니다. 그럼에도 우리는 더 가까워졌다. 그것은 18살이나 22살 때는 알지 못했지만 나이가 들면서 모두의 마음속에 확고히 자리 잡은 일종의 축복 덕분이었다. 우리는 둘 다 로스앤젤레스의 중산층 가정에서 자랐고, 캘리포니아 납세자들의 관대함과 캘리포니아대학교 이사회의 낙관주의 덕분에 의미 있고 보람찬 삶을 살 기회를 얻었다.

2018년에 데이비드는 〈허스트〉 회장직에서 물러나겠다고 발표했다. 가장 최근에 함께 점심을 먹으면서 그는 내게 사퇴할 계획이라고 미리 털어놓았다. 데이비드는 아직 비교적 젊은 편이고, 허스트에서 평판도 좋았으며, 허스트는 직원들을 잘 대우하는 훌륭한 회사이기 때문에 나는 그가 왜 사퇴하려는 것인지 도통 이해가 가지 않았다. 그는 회장으로서 세 번째 임기를 지내던 참이었고, 나는 그가 그 자리를 몇 년은 더 즐겨야 한다고 생각했기 때문에 그냥 계속 회장직에 있으라고 권했다. 나는 그날 처음으로 데이비드의 날것 그대로의 감정을 느꼈다(그는 평소 바위 같은 스타일이라 좀처럼 감정을 드러내지 않는다). 그는 이렇게 말했다.

"젊은 사람들을 돕고 싶어. 그리고 친구들을 자르는 일도 이제 신물이 나."

해마다 50%씩 성장하는 분야에 몸담고 있는 경영진은 누구에게나 쉽게 존경받는다. 하지만 친구도, 명성도 잃지 않고 출판계를 떠나는 일이란, 40도의 고열이 나는 상태로 출전해 보스턴 마라톤 대회에서 우승하는 것과 같다.

데이비드는 나의 롤모델 중 한 명이다. 성공한 커리어 때문이 아니다. 커리어로 성공한 사람들은 주변에 널렸다. 나를 비롯하여 대부분의 야심가가 삶의 어느 지점에서 한 번쯤 받아보는 존경을, 데이비드는 결코 잃은 적이 없기 때문이다.

직업적인 성공은 수단일 뿐, 목표가 아니다. 목표는 당신의 가족을 위한 경제적인 안정, 그리고 가족, 친구들과 의미 있는 관계를 갖는 것이다. 물론 후자가 더 중요하다. 데이비드는 로리와 결혼한 지 30년이 넘었으며, 훌륭한 성인으로 성장한 자녀가 4명이나 있고, 이 아이들은 언제나 데이비드의 주위에 있으며(정말로 언제나 아버지 곁에 있다) 확실히 아버지를 사랑한다. 그는 자신을 존경하는 친구들이 있으며 그에게서 존경받는다고 느끼는 친구들이 있다.

우리는 결국 직업적으로는 비슷한 위치에서 끝을 맺는다(지금 나는 스스로에게 관대해지는 중이다). 나의 발전은 캘리포니아대학교의 관대함과 열심히 일한 것, 위험을 감수한 인내심이 힘을 발휘한 결과였다. 데이비드의 성공은 캘리포니아대학교의 관대함과 열심히 일한 것에 더불어 그의 인품이 조화롭게 기능한 덕분이었다.

성공한 사람들은
거절의 달인이다

고등학교 때 나는 2학년, 3학년 그리고 졸업반까지 회장 선거에 나갔다. 그리고 놀랍게도 3번 다 떨어졌다. 나는 이 실적을 바탕으로 그렇다면 총학생회장에 나가야겠다고 생각했다. 그래서 총학생회장 선거에 나갔다. 그리고… (두구두구두구두구) 떨어졌다. 어디 그뿐인가? 야구팀과 농구팀에서도 잘렸다. 처음 UCLA에 떨어진 후에 그것도 모르고 어머니와 함께 입학을 축하하러 세풀베다 대로에 있는 주니어스 델리 식당에 갔던 기억이 난다.

　대학교에 들어가서는 남학생 사교클럽 5곳으로 돌진했지만 단 1곳에만 합격했다. 회비를 낼 사람이 부족했던 모양이다. 졸업 후에는 회사 22곳에서 면접을 보았는데 딱 1곳, 모건 스탠리에만 합격했다.

MBA 과정에 등록하기 위해서 대학원 몇 곳에도 지원했는데, 스탠퍼드, 인디애나, 펜실베이니아 와튼스쿨, 듀크, 텍사스 오스틴, 켈로그대학교에 모두 탈락했다. 다행히 UCLA와 버클리 하스 경영대학원에 합격했는데, 처음에 UCLA에 들어갈 때 써먹었던 것과 똑같은 문구 덕분이었다. '저는 특별할 것 없는 아이지만, 바로 당신, 캘리포니아의 특별할 것 없는 아이입니다.'

경영대학원에 들어가서는 과대표로 출마했고, 이마저도 떨어졌다. 경영대학원을 졸업한 후에는 회사를 9곳 세웠는데 성공한 것보다 실패가 더 많았다.

세렌디피티는 용기에 비례한다

나는 술을 즐겨 마신다. 술은 '진화'라는 목적에도 꽤 쓸모가 있었다. 잠재적 연인의 범위를 극적으로 늘려주었기 때문이다. 여러 가지 사회적 상황을 고려해보면, 술은 거절당할 때 나를 보호해주는 바람막이 같다. 앞에서도 말했듯이 술이 몇 잔 들어가면 더 나은 버전의 내가 튀어나오니까 말이다. 더 재미있고 열정이 넘치며 자신감 있고 집중력 높고 더 착하고…. 아무튼 더 낫다(항의 메일이 쏟아지는 소리가 들린다).

언젠가 마이애미비치에 있는 롤리 호텔 수영장에서 나는 눈을 뗄 수가 없는 어떤 여자에게 엄청나게 끌렸다. 수영장을 떠나기 전에 꼭 그 여자에게 말을 걸어봐야겠다고 다짐했고, 즉시(뭐, 이게 자랑거리는 아니지만) 술을 한 잔 시켰다. 벤처 캐피털에게 돈을 달라고 요청하는 일은 한낮에 친구들과 함께 수영장 의자에 앉아 있는 여자에게 다가가 입을 여는 것에 비하면 아무것도 아니다. 나는 늘 학생들에게 위험을 감수하라고, 거절당할 상황에 자신을 내놓지 않으면 어떠한 멋진 일도(진짜 환상적인 일) 일어나지 않는다고 가르친다. 우연한 행운, 즉 세렌디피티는 용기에 비례하기 때문이다.

대학교들, 동료들, 투자자들, 그리고 여자들에게서 거절당하는 것을 꿋꿋하게 감수해온 내 의지력 덕분에 나는 결과적으로 굉장한 보상을 받았다. 당신이 원하는 것을 아는 것은 엄청난 축복이다. 하지만 거절당할까 봐 두려워하는 자세는 재능이 모자라거나 시장이 없는 상황보다 더 큰 재앙이다. 매일 약간씩 위험을 무릅쓰는 훈련을 하다 보면(상사에게 임금인상을 요청해보거나, 모임에 나가서 쑥스러워도 먼저 주변 사람들에게 자기소개를 해보라), 자신의 능력 밖의 일에 도전하는 것이 약간은 편안해진다. 그래서 나는 내 큰아들의 가운데 이름을 롤리Raleigh라고 지었다(월터 롤리 경Sir Walter Raleigh은 영국의 군인이자 탐험가다. - 옮긴이).

똘똘한 직원이 아니라면
스스로를 고용하라

직원 [employee/emˈploiē]

: 일정한 직장에 근무하는 사람을 통틀어 이르는 말. 보상을 대가로 정기적으로 회사에 서비스를 제공하기 위하여 고용된 사람.

나는 현재 L2를 인수한 기업인 가트너 사의 직원이다. 가트너 사람들이 똑똑하고 착해서 생각보다는 덜 고통스럽지만 그래도 고통스럽긴 하다. 마지막으로 내가 직원이었던 때는 25년 전, 그러니까 UCLA를 졸업하고 첫 직장이던 모건 스탠리에 다닐 때였다. 아르바이트는 꽤 많이 해봤지만, 아르바이트로 하는 일들은 모두 의료보험을 제공하지 않았고, 그들이 회사의 주체로서 나에게 기대하는 것도 없었다. 직원으로 고용되는 것과 노동자 임금 협정은 자본주의 사회의 핵심이자 미국인들이 꽤 잘하는 것이다. 대부분의 미국인들 말이다.

날마다 언론에서는 비전, 위험 감수, 투지 등 '기업가'가 되기 위한 필수적인 기술과 자질들에 대해 떠들어댄다. 하지만 훌륭한 '직원'이 되기 위해 필요한 기술들은 거의 언급하지 않는다. 나에게는 그런 자질이나 기술이 거의 없다. 사람들은 내가 기업가이니까 회사 한 곳에서 발휘하기에는 너무 아까운, 대단한 재능이라도 있는 모양이라고 짐작한다. 90% 이상의 기업가들에 관한 진실을 말해주자면, 그들은 재능이나 기술이 너무 뛰어나서가 아니라 똑똑한 직원이 될 만한 자질을 갖추지 못해서 회사를 차린 것이다. 위험 조정의 관점에서 보면, 훌륭한 회사의 직원이 되는 것이 기업가가 되는 것보다 훨씬 더 큰 보상이 따른다. 이 역시 '혁신가'에 집착하는 언론에서는 다루지 않는 부분이다. 그렇다면 '똑똑한 직원이 될 만한 자질'은 무엇일까? 몇 가지만 소개하면 다음과 같다.

어른이 되는 것

그렇다. 어른이 되어 원하지 않는 일을 해야 하거나 어처구니없는 일들을 처리하는 것은 진짜 짜증난다. 차가 최고로 막히는 시간에 출퇴근을 해야 하고, 내 업무와 관련 없는 회의에 참석해야 하는 일은 정말 이해가 안 된다. 하지만 회사는 당신에게 급여를 지불한다(부디 이런 불만이 쏙 들어갈 만한 급여를 주고 있기를 바란다). 어른이 되는 것은 세상만사가 항상 나를 중심으로 돌아가는 것이 아니라는 사실을 인지하는 일이다.

물론 자기 사업을 하면, 당신이 하는 모든 일은 주로 당신을 위한 것일 테다. 그때는 당신이 책임자이므로 당신이 하는 모든 행동들은 자신의 이치에 맞고 이해도 된다. 어제 사무실에 들어오니 매월 영감을 주는 글귀가 적힌 회사 달력이 책상 위에 놓여 있었다. 1월은 '발견하고, 배우고, 성장할 시기'란다. 알려줘서 고맙다. 나는 이러한 영감을 주는 글귀들을 사무실에 붙여놓는 것은 직원을 학대하는 짓이나 다름없다고 생각한다.

정중함

나는 기업가이고 보통 책임자이기 때문에 사람들은 내 솔직함을 비전이나 리더십으로 미화해왔다. 그러나 옳은 것과 효율적인 것 사이에는 차이가 있기 때문에 아마도 이러한 분노, 정직함, 피드백의 조화는 직원들에게 잘 전달되지 않을 것이다. 직원들은 옳은 것과 효율적인 것을 잘 파악해야 하며, 자신이 팀의 일원이라는 사실을 기억하고 서로를 지원해주어야 한다. 중소기업을(못된 놈들이 운영하는 회사의 규모는 보통 이 정도다) 운영하는 악덕 사장 1명을 데려와 봐라. 회사가 점점 커지면 대표는 나쁜 놈이 될 수 없다. 이 '급진적인 솔직함'은 사이즈 조정이 잘 안 되기 때문이다. 작은 회사들은 끔찍할 정도로 인내심이 없는 A급 선수 6~12명이 엉덩이에 땀띠 나도록 일하는 것에 의존하여 성장한다. 반면 대기업들은 매너가 좋은 수백 혹은 수천 명의 B급 선수들과 함께 일한다.

자신감

다른 사람 아래에서 일하는 것은 불확실한 상태로 살아야 한다는 것을 의미한다. 말이나 행동으로 보내는 단서들, 또는 이 문제와 관련해서라면, 당신에 대한 평판을 해석하기 어려운 경우를 종종 만난다. 경제적으로 당신의 행복을 결정짓는 사람들이 당신의 앞날에 무엇을 계획했고, 계획하지 않았는지를 알 수 없다. 대학을 갓 졸업한 후 나는 굉장히 불안했고(지금은 굉장히는 아니고 조금 불안하다), 사람들이 회의실에 들어갈 때마다 나에 대해 논의할 거라는 망상에 빠지기도 했다. 어쩌면 나를 기업가로 만든 것은 비전이 아니라 이런 불안감이었다.

현재 가트너의 직원 한 사람으로서 나는 다른 직원들이 하는 오만 뻘짓들을 견디며 이제 그런 일에 대해서는 무덤덤한 경지에 이르렀다. 내가 무서운지, 내 앞에 서면 어쩔 줄을 모르겠는지, 아니면 그냥 신경 따위 안 쓰는지 모르겠지만…, 아무튼 사람들은 보통 나를 간섭하지 않고 그냥 지지해준다.

하지만 직원이 된 기분은 역시 이상하다. 예를 들어 내가 세운 회사에서 보고를 직접 듣지 못하고, 회사가 계획한 일을 다른 직원들처럼 이메일을 통해서 알게 되는, 그런 것 말이다. 우주를 둥둥 떠다니는 기분이라고나 할까. 사무실 안에는 말끔하고 멋진 정장을 입은 유능한 사람들이 있고, 창밖에는 아름다운 경치가 펼쳐져 있지만(쉽게 말해 '성공'), 더 이상 모선母船에 묶여 있지 않은 느낌이다. 불안감이 다시 스멀스멀 피어나기 시작한다. '내가 보탬이 되긴 하는 걸까? 내가 여기서 뭘 하고 있는 거지? 사람들이 나를 좋아하나?'

나마스

내가 하는 일 중에서 가장 보람 있는 것은 젊은이들이 나에게 자신들의 다음 행보나 아니면 일과 관련된 문제들로 상담을 청해오는 것이다. 이 나이가 되니 어떤 아이들은(나는 젊은 친구들을 이렇게 부른다) 장성한 자식처럼 느껴지고, 나는 그들의 행복을 진심으로 걱정한다. 그들의 이야기가 나이가 들수록 점점 커지는 모성애 또는 부성애로 인한 가려움을 긁어주기 때문에 이런 일은 무척 보람 있다.

나는 제트기 훈련장에 들른 전설적인 쿼터백 조 나마스Joe Namath다. 모두들 내가 이뤄온 것을 존경하고 나를 만나고 싶어 하며 이야기를 나누고 싶어 한다. 그러나 곧 나는 술에 취한 조 나마스가 될까 봐, 그래서 모두들 내게 '당장 여기서 나가달라.'고 말하기 위해 정중하면서도 덜 어색한 방법을 찾으려고 애를 쓰는 상황이 올까 봐 두렵다. 하지만 백날 발버둥쳐 봐도 그때가 점점 다가오고 있다. 나는 딱 그때까지만 그들의 직원이다.

롤모델이 되는
방법

나는 눈에 띄지 않는 아이였다. 초등학교 2학년 때 우리 가족은 ITT 코퍼레이션의 부회장이셨던 아버지와 비서셨던 어머니 그리고 외동아들로 이루어진 전형적인 핵가족이었다. 우리는 태평양을 굽어보는 라구나 니구엘Laguna Niguel의 주택에 살았다. 중학교 2학년 때는 여전히 비서인 싱글맘의 아들로 웨스트우드의 초라한 아파트에 살았다. 초등학교 3학년 때 데비 브루베이커Debbie Brubaker와 나는 수학과 영어 과목에서 두각을 보여 5학년 교실로 월반했다. 하지만 중학교 2학년 때는 미적분학에서 낙제를 하는 바람에 대수학Ⅱ를 다시 들어야 했다.

초등학교 4학년 때는 올스타 야구팀에 속해서 투수와 유격수를 맡았지만, 중학교 2학년 때는 몸무게는 늘지 않고 키만 부쩍 커서 키는 13살 같아도 힘이나 신체를 움직이는 능력은 9살짜리였다. 당시에는 더 큰 통합학교에 다니고 있었는데, 우리 학교에는 중학교 2학년인데 덩크슛을 할 수 있는 아이도 있었다. 내 제일 친한 친구 2명은 부모님이 통합학교가 당신들의 자식에게 맞지 않는다고 판단해 사립학교로 전학을 갔다.

나는 놀라운 아이에서 놀라울 만큼 평범한 아이로 성장하고 있었다. 무엇 하나 특출나게 잘하는 것도 없고, 친구도 거의 없었으며, 내 자신에 대한 진정한 자아의식도 없었다. 나는 눈에 띄지 않는 존재였다.

어머니의 남자친구 랜디는 리노Reno에 살고 있었고 음식점에 식자재를 공급하는 업체를 운영했다. 그는 부자였다. 적어도 내 눈에는 부자처럼 보였다. 무엇보다 그는 관대했고 여자친구의 아들이 행복한지에 대해 신경을 많이 썼다. 랜디는 격

주로 우리와 함께 주말을 보냈다. 나는 어머니와 랜디가 여행을 갈 때마다 언제나 환영받았고, 그는 내 생에 첫 번째로 훌륭한 스케이트보드인 반Bahne 스케이트보드를 사주었다. 그리고 비서인 어머니가 감당하기 버거웠던 웨스트우드에 있는 우리 아파트의 주택담보대출금도 갚아주었다. 랜디는 우리의 삶을 확실히 더 낫게 만들어주었다. 랜디 또한 결혼을 했었고 학교에 다닐 나이의 아들이 있었지만, 그건 또 다른 이야기이다.

어느 일요일 저녁, 랜디가 돌아가려고 짐을 싸고 있을 때 나는 그에게 주식에 대해서 물었다. 지역 뉴스 앵커인 제리 던피Jerry Dunphy가 TV에서 주식 시장에 대해 말하는 것을 들었기 때문이었다. 랜디는 스웨터를 접고 멋진 세면도구들(잉글리시 레더English Leather, 바바솔Barbasol, 그리고… 멘넨의 스킨 브레이서)을 가죽으로 된 세면용품 가방에 집어넣으면서 그 모습을 지켜보는 내게 주식 시장에 대해 개략적으로 설명해주었다. 택시가 밖에서 경적을 울리자 나는 그의 가방을 들고 뒤따랐다. 랜디는 식탁 옆에 멈춰 서더니 지갑을 꺼내어 빳빳한 100달러짜리 지폐 2장을 식탁 위에 올려놓고 말했다.

"시내에 나가서 잘나가는 증권 중개소 한 곳에 찾아가 주식을 사보거라."

나는 내가 어떻게 살 수 있느냐고 물었다.

"넌 아주 똑똑한 아이니까 그 정도는 알아낼 수 있을 거다.

만약 내가 돌아올 때까지 사지 않으면 그 돈을 다시 돌려받을 거야."

나는 그 전까지 100달러짜리 지폐를 본 적이 없었고, 그 지폐 2장을《브리태니커 백과사전》아래에 고이 모셔놓았다.

다음 날 학교가 끝나자마자 웨스트우드와 윌셔 대로의 모퉁이에 있는 '메릴린치 피어스 페너 앤드 스미스Merrill Lynch, Pierce, Fenner & Smith' 사무실에 찾아갔다. 나는 로비에 앉아 기다렸다. 나는… '눈에 보이지 않는 존재'였다. 직원들이 불친절하다거나 야박했던 것은 아니었다. 그저 내가 눈에 보이지 않을 뿐이었다. 눈에 보이지 않는 존재임에도 불구하고 나는 약간 움츠러들기 시작했다.

그래서 그곳을 빠져나와 길 건너편에 있는 '딘 위터 레이놀즈Dean Witter Reynolds' 사무실로 들어갔다. 커다란 금 액세서리를 한 여성이 나에게 뭘 도와주면 좋겠는지 물었고, 나는 주식을 사러 왔다고 말했다. 그녀는 잠시 가만히 있었다. 나는 다시 움츠러들었다. 그리고 "200달러 있어요."라고 불쑥 내뱉은 후 아침에 넣어두었던 봉투에서 빳빳한 지폐들을 꺼내 보였다. 그러자 그녀는 벌떡 일어서서 투명한 창이 있는 봉투 하나를 내게 건넨 뒤 잠시 앉아서 기다리라고 말했다. 나는 투명한 셀로판 창을 통해 벤자민 프랭클린의 머리카락과 귀가 보이도록 새 봉투에 그 지폐들을 집어넣었다.

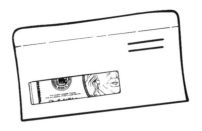

곱슬머리를 한 젊은 남자가 내게 다가오더니 이름을 물은 다음 자신을 소개했다.

"사이 코드너Cy Cordner입니다(가명을 쓴 점 양해해주기 바란다). 딘 위터에 오신 걸 환영합니다."

사이는 나를 자신의 사무실로 데려갔고 주식 시장에 대해 30여 분간 설명을 해주었다. 매수자와 매도자 간의 비율이 주가를 결정하고 각 주식은 주주의 작은 권리를 대표한다. 당신은 당신이 좋아하거나 존경하는 상품을 만드는 회사의 주식을 살 수 있다. 그는 아마추어들은 감정에 따라 행동하지만 프로는 숫자를 따른다는 점을 친절히 알려주었다. 우리는 내 거금을 주당 15.375달러로 당시 증권 코드가 CPS였던 콜롬비아 픽처스의 주식 13개에 투자하기로 결정했다.

그다음 2년간 평일 점심 시간에 나는 매일같이 운동장에 있는 공중전화로 가서 20센트를 넣고 사이에게 전화를 걸어 내

포트폴리오를 논의했다. 가끔은 학교가 끝난 후, 그의 사무실에 걸어가 최신 정보를 직접 들었다(앞부분 참고: 친구 없음). 그는 주가 테이프(당시엔 주식 시세가 주가 테이프에 찍혀 나왔다. - 옮긴이)에 정보를 입력하고 그날 CPS가 어떤 행보를 보였는지 알려준 뒤 주가가 움직인 이유를 "오늘은 시장이 전반적으로 안 좋군요."라든가 "신작 '미지와의 조우'가 대박이 났나 보네요." 혹은 "'케이시의 그림자'는 망한 것 같군요." 등으로 추측해주었다.

그리고 사이는 시간을 내어 우리 어머니께도 전화를 드렸다. 어머니께 투자 홍보를 하기 위해서가 아니라(우리는 돈이 없었으므로) 나와 전화로 논의한 것들을 알려드리고 내 칭찬을 해주기 위해서였다.

이 이야기의 결말이, 내가 억만장자 헤지펀드 매니저로 성공했다는 것으로 마무리되었다면 훨씬 더 흥미로웠겠지만 나는 그렇게 되지 못했다. 그러나 나는 다른 마케팅 교수들보다 시장에 대해 더 잘 알게 되었고, 이 점은 분명 내게 큰 도움이 되었다. 정말로, 진짜 큰 도움이 되었다. 더 중요한 것은, 13살에 내가 드디어 '눈에 보이는 존재'가 되었다는 사실이다. 매일 유능한 한 남자가 약간의 시간을 투자해줄 만한 가치가 있는 사람, 즉 '눈에 보이는 사람'이 되었다는 말이다.

랜디와 사이는 훌륭한 남자들이 자기 자식이 아닌 다른 아이의 행복에 비이성적일 만큼 열정을 보일 수 있다는 것과 그로 인해 미성숙한 누군가의 앞날을 성공적으로 이끌 수 있다는 사실을 내 마음속에 깊이 새겨주었다. 고등학교에 진학한 후 사이와는 연락이 끊겼고, 몇 년 후에 UCLA친구들과 엔세나다Ensenada로 떠날 자동차 여행 비용을 마련하느라 그 주식들을 팔았다.

되갚아라

40대에 이르러서 나는 내 자신에 대해 훨씬 더 잘 알게 되는 축복을 받았다. 내 장점, 약점, 행운들, 그리고 나를 행복하게 만드는 것이 무엇인지 인지하게 된 것이다. 문제는, 내 결함들도 더 잘 보이게 되었다는 사실이다.

나는 늘 주기보다 받는 쪽이었다. 우정을 유지하기 위해 친구들이 나보다 더 많이 투자했고, 여자친구와 배우자들은 나와 관계를 유지하는 데 나보다 더 헌신적이었으며, 심지어 UCLA에서 학비를 대준 캘리포니아 납세자들에게는 완전 부진한 성적, 평점 2.27로(농담 아님) 보답했다. 받고, 받고, 또 받고, 언제나 받기만 했다.

나는 이 점을 고치려고 노력하는 중이고, 10년 전 즈음 고맙

다는 말을 하고 싶어서 사이 코드너를 찾기로 결심했다. 구글에서 이리저리 검색도 해보고 '딘 위터'(현재의 모건 스탠리)에 전화도 해보았다. 그러나 소용없었다. 그가 조용히 지내고 있거나, 어쩌면 문명에서 완전히 떨어진 어떤 곳에서 살고 있을 가능성도 있다고 생각했다.

나는 수업시간에 멘토링에 대해 토론할 때나 잘 알지 못하는 수많은 사람들이 보여준 친절한 행동들이 내 삶과 행복에 얼마나 큰 영향을 주었는지에 관해 말할 때마다 이 이야기를 한다. 그리고 지난 10년간, 분명 학생들이 찾아내지 못할 것이라 생각해서, 포상금 5,000달러를 걸고 학생들에게 사이 코드너를 찾아보라는 도전 과제를 주기도 했다.

교수님, 사이 코드너를 찾았어요!

2018년 봄 학기, 브랜드 전략 수업시간에 170명의 아이들 앞에서 그 도전과제를 발표하고 난 후 바로 그날, 1개도 아니고 2개도 아닌, "교수님, 사이 코드너를 찾았어요!"라는 똑같은 제목이 달린 이메일을 3통이나 받았다. 이 신예 탐정 3명은 페이스북에서 사이의 조카를 찾아냈고, 그에게 연락을 취해 사이의 전화번호를 받았다(최근에 나는 페이스북을 엄청나게 비난해왔는데, 소셜 플랫폼에서 일어나는 수백만 가지 좋은 일 중 하나 정도는 강조해줘야겠다).

나는 그 주 후반에 사이에게 전화를 걸었고 우리는 1시간가량이나 통화를 했다. 사이와 내 삶은 불가사의할 정도로 유사한 길을 걸어왔다. UCLA, 금융 서비스업(우리 둘 다 모건 스탠리에서 일했다. 사이가 다니던 시절에는 딘 위터였지만), 이혼, 아이 2명, 그다음 기업가가 된 것까지. 이혼한 후에 사이는 딸들과 더 가까이에서 지내고 싶어 오리건 주로 이주했다. 여기에서 그는 고급 가구를 취급하는 '모나코Monaco'라는 가구점을 운영한다. 그는 내년에 은퇴할 계획이다. 40년 만에 다시 연락이 닿은 후, 나는 사이에게서 아래와 같은 이메일을 받았다.

나의 자랑스러운 친구에게

보낸 사람: 사이 코드너 xxxxx@gmail.com
발송: 2018년 3월 27일

갤러웨이 교수(스콧)에게,

어제 통화를 해서 굉장히 기뻤어요. 아주 뛰어난 길을 걸어왔고 많은
면에서 내 삶과 비슷한 삶을 살았더군요. 통화를 마친 후에 나는 우리
가 나눈 대화 중 많은 내용을 여자친구에게 들려주었지요. 여자친구
도 똑같이 놀라워했어요. 나는 잠시 감정을 가다듬고 생각에 잠겼답
니다. 당신이 이렇게 견뎌내고 성공할 수 있었던 것은 아마도 훌륭한
가정교육과 어머니의 사랑 덕이었겠지요. 거기다 나도 그랬지만, 어
린 소년이었을 때부터 지식에 대한 갈망이 굉장히 컸던 게 가장 뚜렷
한 성공 요인이었을 겁니다. 당신이 어렸을 때 나와 만나서 내가 당신
에게 긍정적인 영향을 주었다는 사실이 무척 자랑스럽군요. 정말로
무척 자랑스럽습니다!

다시 만나기를 고대합니다. 무엇이든 필요한 것이 있다면 언제든 연
락만 하세요.

진심을 담아,

사이 코드너

40년이 지났지만, 나는 다시 13살 아이로 돌아온 기분이다.
내가 스스로를 '보이지 않는 존재'로 느끼지 않게끔 해주었던
관대한 한 남자와 함께 있던 그 순간 말이다.

70번째 생일을 앞두고 사이는 자신이 받은 은총들을 찬찬

히 살펴보는 중이다. 그리고 곧 재혼을 할 것이며, 가게를 정리하고 편안하게 은퇴할 계획이라고 했다. 54세의 나 또한 내가 받은 축복들을 되돌아보고 감사하며, 나의 부족한 부분을 고치려고 노력하고 있다.

PART 3

관계에 투자할 것

THE
ALGEBRA
OF
HAPPINESS

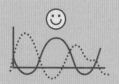

사랑을 목적으로
살아갈 때

사랑, 인간관계가 목적이다. 그 외의 나머지는 모두 수단일 뿐이다. 하나의 종種으로서 우리는 끊임없이 사랑을 나눈다. 어릴 때는 부모님, 선생님, 보호자 등이 주는 사랑을 받는다. 어른이 되면 서로 주고받는 사랑을 찾는다. 상대방이 되돌려주는 사랑, 안정감, 또는 친밀한 감정 등 어떤 보상을 기대하며 다른 사람을 사랑한다. 그다음에 완벽한 사랑이 온다. 이 사랑은 상대방 역시 당신을 사랑하는지, 당신이 사랑을 주는 대가로 무엇을 돌려받는지에 전혀 관계없이 그냥 그 사람을 사랑할 수밖에 없는 종류의 사랑이다. 조건도 없고 거래도 없다. 전적으로 그 사람을 사랑하고 그것이 주는 행복에만 오롯이 초점을 맞추는 것이다.

맹목적으로 받기만 하는 사랑은 우리에게 안정감을 주고, 우리가 상대에게 준 사랑에 대한 보답을 받으면 보람을 느낄 수 있다. 그리고 가장 마지막 단계인 완전하게 주는 사랑은 영원하다. 인류의 주체로서 우리의 임무와 역할은 누군가를 '조건 없이 사랑하는 것'이다. 그것이 바로 호모 사피엔스가 생존을 굳건히 지켜온 비법이다. 우리가 자발적으로 이 행동을 계속하도록 보장해주기 위해서 자연은 이것을 가장 보람 있는 일로 만들어놓았다. 누군가를 완전히 사랑하는 일이야말로 인간으로서 최고의 업적이다. 그것은 온 우주에 당신이 중요한 존재이며, 생존과 진화와 생명의 주체라고 선포하는 것과 같다. 당신이 아주 짧은 시간을 머물지라도 그 순간은 의미가 있다.

인생에서 가장 중요한 결정

우리가 인생에서 내리게 될 가장 중대한(신중을 기해야 하는) 결정이 뭘까? 바로 누구와 함께 아이를 가지느냐다. 누구와 결혼하는지가 의미 있다면, 누구와 함께 자식을 낳아 기르느냐는 훨씬 더 심오한 문제이다(참고로 나는 멋진 인생을 살기 위해서 반드시 결혼을 해야 한다고 생각하지는 않는다). 친절하고 유능하며 같이 있으면 즐거운 사람과 함께 아이들을 기르는 것은 평온함과 보람으로 가득한, 기쁜 순간들의 연속을 말한다. 반대로 좋아하지 않거나 무능한 사람과 함께 아이를 기르면 아이 자체는 기쁨일지 몰라도 그 기쁨은 불안감과 실망이 가득한 상태에서 이따금 찾아오는 순간이 될 뿐이다.

당신을 사랑하고 당신이 사랑하는 사람과 함께 인생을 꾸려나간다면 즐거운 순간들이 넘치는, 의미 있는 삶이 보장될 수 있다. 하지만 불안정하거나 당신을 경멸하는 사람과 인생을 함께하면 당신이 받은 축복들을 누리거나 집에서 편안하게 쉬기는커녕 숨도 제대로 못 쉬며 살게 될지도 모른다.

당신을 좋아하는 사람

그렇다면 그런 사람을 어떻게 찾을 수 있을까? 젊은 사람들은 먼저 열등감을 떨쳐버리는 노력을 해야 한다. 무슨 말인지 설명하겠다. '진화'의 핵심은 당신의 레벨을 뛰어넘어서 더 나은 DNA를 지닌 누군가와 당신의 DNA를 섞으려고 노력하는 것이다. 이것이 바로 자연도태 이론이다. 당신의 접근을 거부하는 사람은, 실제로 당신이 목표를 너무 높게 잡았다는 사실을 알려주는 비교적 정확한 지표다. 여러 가지를 균형 있게, 종합적으로 따져보면 결국에는 성격, 성공, 외모, 집안 등에서 같은 레벨에 있는 사람과 함께할 가능성이 크다. 거절은 당신이 흠모하는 대상이 당신보다 더 나은 DNA를 갖고 있으며, 그 사실을 상대도 잘 알고 있다는 즉각적이고 신뢰할 만한 메시지다.

문제는 거절을 더 나은 DNA의 표시라고 지나치게 연관 짓기 시작하는 데 있다. 자신의 레벨 너머로 손을 뻗으면 안 된다거나(성공의 핵심요인) 키가 크고 헤어스타일이 근사한 남자에게 데이트 신청을 하지 말라는 말이 아니다. 단지 젊은 사람들에게 한 가지 단순한 점에서 혜택을 보라고 알려주는 것이다.

그것은 바로, '당신을 좋아하는 사람을 좋아해라!'다.

당신을 훌륭하다고 생각하는 사람은…, 벌레가 아니라 특별한 사람이다. 대부분의 젊은이들은 자기보다 우월한 DNA의 상징으로 해석되는 사람에게서 차이기 전까지 제대로 짝을 찾지 못한다. 그래, 당신의 레벨을 뛰어넘어라…. 하지만 그 사람이 당신에게 관심이 없다는 이유로 그 사람이 당신보다 더 우월하다고 믿는 덫에 걸려서는 안 된다. 반대의 경우도 마찬가지다. 만약 누군가가 당신을 '완전 킹카'라고 생각한다고 해서, 즉 당신을 좋아한다고 해서 그 사람이 당신보다 레벨이 낮거나 어딘가 모자라거나 떨어진다는 의미는 아니라는 것을 명심해라.

우리 집 애완견 조는 자신을 가장 사랑하는 사람을 따른다. 조의 관계기술은 거의 오프라 윈프리급이다. 조를 비롯해서 우리는 모두 행복으로 향하는 지름길을 발견하는 뛰어난 능력을 가졌다. 그리고 대체로 그것을 절대 놓치지 않고 최대한 빨리 만족감에 도달한다. 그 능력은 바로 그 어떤 것보다, 그 누구보다, 당신을 더 소중하게 생각하는 사람을 찾는 것이다.

1 + 1 > 2

내 친구 한 명은 성공한 헤지펀드 매니저인데 얼마 전 포르투갈 리스본Lisbon 외곽의 작은 마을인 카스카이스Cascais로 이주했다. 인생을 재정비하고 싶다는 이유였다. 가족에게 더욱 집중하고 포르투갈 사람들의 삶의 방식이 주는 이점을 누려보기로 했단다. 그는 뉴욕을 방문할 때면 나와 함께 머무는데 나로서는 무척 즐거운 일이다. 한겨울 뉴욕대학교의 교직원 주택은 조금 쓸쓸하고 심지어 우울하기까지 하니까(누가 좀 안 아쳤으면). 이 친구는 우주의 주인 같은 위치에 있으면서도 사람들을 보살피는 본능이 워낙 뛰어난 친구라 주위 사람들을 잘 챙긴다. 어젯밤에는 내가 집에 오자마자 오늘 저녁은 소호

하우스(Soho House, 예술과 미디어 업계 종사자를 위한 호텔 및 레스토랑
등을 갖춘 회원제 클럽 - 옮긴이)에서 먹을 거라고 통보를 했다.

우리는 거기서 친구 2명을 더 만났는데, 한 명은 최근에 약
혼을 했고 다른 한 명은 이혼을 했다. 우리는 먼저 더 어린 친
구의 다가오는 결혼을 축하하고, 그다음에는 우리 나이에 다
시 싱글이 되는 일에 대한 세부적인 사항을 전부 파헤치는 일
에 착수했다.

물색

나름 좋은 점도 있긴 하지만, 다시 싱글이 되는 일은 분명 엄
청난 과제를 떠안는 것이다. 사전준비, 면도 등 몸가짐 정돈,
치장하기, 계획 짜기, 상대 물색하기, 문자 보내기, 사귀기, 거
절하기, 코첼라 페스티벌에 같이 가기, 밀고 당기기, 그리고
또 거절당하기의 과정은 무척 피곤한 일이다. 싱글이 되는 일

에 유능하다는 뜻은, 당신이 현실 세계에는 존재하지 않는 1%의 사람 중 1명이어서 그냥 모든 행운이 저절로 당신에게 다가오거나(나 역시 이런 사람을 몇 명 아는데, 하나같이 재수 없다) 아니면 다른 모든 일처럼 그저 부단히 노력해야 한다는 의미이다.

연구 결과들에 따르면 결혼 생활은 경제적으로도 더 유리하다. 동반자 관계를 이루고, 비용과 책임을 분담하고, 커리어에 집중할 수 있으며, 타인(상대)의 지혜를 이용할 수 있다는 점이 보통 더 나은 결정을 내리도록("안 돼, 보트는 절대 안돼!") 이끈다. 선택항목이 적어지고 단순해지기 때문에 당신은 가치가 감소하는 쪽이 아닌 성장하는 쪽에 주의력을 더 많이 쏟을 수 있다. 예를 들어, 커리어를 발전시킬 것인가 아니면 다른 사람에게 매력적으로 보이기에 적당한 행사에 참석해 존재감을 뿜어댈 것인가 중에 고르라면 별 고민 없이 전자를 고를 수 있다.

일단 결혼을 하면 가정의 자산 가치가 연평균 14% 상승한다. 기혼 커플은 50대가 되면 싱글인 또래보다 평균 3배 정도 더 많은 자산을 형성한다. 그렇다면 결혼 생활을 유지하는 핵심은 무엇일까? '죽음이 우리를 갈라놓을 때까지'라는 말을 진지하게 받아들이는 것이다. 이혼 한 번으로 자산의 3배쯤은 단숨에 까먹어버릴 수도 있으니까 말이다.

좋은 파트너가 되기 위해 노력해라

결혼의 기원은 고대 사회로 거슬러 올라간다. 우리 조상들은 자식을 기르고 재산권을 다루는 하나의 방편으로 안전한 환경이 필요했다. 사랑을 바탕으로 하는 결혼은 낭만주의 시대에 들어서야 대중화되었다. 고대 로마시대에서 내려온 관습인 약혼반지는 영원과 변치 않는 결합을 상징하는 동그란 고리였다. 사람들은 반지를 끼는 왼쪽 손 '넷째 손가락'에 흐르는 정맥이나 신경이 심장과 직결된다고 믿기도 했다.

나는 결혼에 재능이 있나 보다. 그래서 결혼을 두 번이나 했다. 첫 번째 결혼 생활은 좋았고, 두 번째는 굉장히 좋았다. 첫 결혼은 결혼 생활 자체가 나빠서가 아니라 내가 다시 싱글이 되고 싶어서 끝났다. 그러나 그건 또 별개의 이야기이므로 생략하겠다.

어쨌거나 결혼식에서 축사나 건배사 요청을 받으면 나는 결혼 생활과 관련해 아래와 같은 3가지 조언을 한다. 남자의 시각에서 본 것이다(미안하지만 어쩔 수 없다).

첫째, 점수를 매기지 마라

어떤 관계에서든 자신의 공은 부풀리고 상대방의 공은 최소화하는 것이 인간의 본성이다. 누가 누구를 위해서 무엇을 했는지를 세세하게 기록하는 부부는 에너지를 낭비하고 있는 것이다. 궁극적으로 둘 다 자기가 손해를 보는 듯한 기분에 빠진다. 이 관계가 전반적으로 당신에게 기쁨과 위안을 주는지 판단하고, 만약 그렇다면(이 시점에선 아직 그렇다고 느끼는 편이 좋겠지) 항상 스스로가 더 많이 기여하는 쪽에 있도록 해라. 관대해지고 가능한 한 자주, 가능한 한 많이 상대를 위해 행동하는 것을 목표로 삼아라.

만약 상대가 큰 실수를 한다 해도 기꺼이 과거를 잊고 새 출발할 의향을 미리부터 갖고 있도록 하자. 그런 일이 분명 벌어질 테니까 말이다. 용서야말로 지속가능하고 행복한 관계의 핵심 요소라는 사실이 많은 연구 결과를 통해 드러났다. 미국이 한 국가로 성공할 수 있었던 중요한 요인 중 하나는 사람들에게 두 번째 기회를 준다는 사실이다. 인간관계에서도 다르지 않다. 진정한 사랑과 동반자 정신을 이루는 데는 '용서'가 필수다. 용서하는 당시에는 불공평하게 느껴지고 심지어 수치심까지 들지도 모르지만 말이다.

나이가 들수록 우리는 뭔가를 줄 때 더 큰 보람을 느낀다. 내가 잘했느니, 네가 잘했느니 세세하게 점수를 기록하는 것은, 삶의 진짜 기쁨을 순순히 받아들이지 못하는 환경을 조성한다. 그 기쁨이란 바로 당신이 그 사람을 사랑하고 다른 무엇보다 그의 행복을 우선하기로 결심했으므로, 주저 없이 그 사람을 위해 행동하는 것이다. 이게 전부다. 타인을 돌보는 사람은 인류의 성공에 가장 중요하게 기여한 사람이고, 존경받는 것으로 그 행동을 보상받는다. 결혼은, 매일매일 상대를 보살피겠다는 약속이다.

둘째, 절대로! 추위에 떨게 하거나 배고프게 하지 마라

이 말은…, 말 그대로 추위에 떨게 하거나, 배고프게 하지 말라는 뜻이다. 돌아보면 내가 아내 혹은 여자친구들과 진짜 끔찍하게 싸웠던 경우는, 대부분 두 사람 모두 점심을 걸렀기 때문이었다. 가능하면 이중으로 실내온도가 조절되는 차에 투자하고, 식당에 앉으면 빨리 주문부터 하고 일단 먹어라. 식당에서 냉기를 뿜는 사탄과 싸우고 싶지 않다면 그 부분을 확실히 챙겨야 한다. 집을 나설 때는 에너지 바 1개를 꼭 휴대하고, 펼치면 2배로 커져서 담요로 변신하는 아주 큰 캐시미어 스카프를 챙기도록 하자. 나중에 반드시 나에게 고맙다고 말하고 싶은 순간이 올 테니 미리 말해두겠다. 고맙긴 뭘.

셋째, 애정과 욕망을 가능한 한 자주 표현하라

애정 표현, 스킨십, 섹스는 당신의 관계가 끝내주게 좋다는 사실을, 그리고 세상 모든 것을 잃어도 당신이 원하는 사람은 바로 이 사람이라는 사실을 견고히 해준다. 결국 인간은 동물이다. 애정 표현과 섹스는 자신의 진짜 모습에 가장 가까이 다가가게 해준다. 상대방이 나를 원하지 않는다고 느끼면 누구나 불안해진다. 그렇게 되면 상대는 당신이 주위에 없는 상황을 더 좋아하게 될 가능성이 크다. 그리고 이것은 관계를 망치는 암적 존재라 할 수 있는 '무관심과 경멸'로 전이되기 쉽다.

내 경험으로 보면 인생에서 가장 의미 있고 보람된 것은 가족과 직업적인 성취감이다. 이런 보람을 함께 나눌 사람이 없다면, 아무리 대단한 성취도 허깨비에 불과하다. 성공한 것처럼 보일 수는 있어도, 진짜로 성공한 것은 아니다. 그러나 제대로 된 파트너와 함께라면 이 모든 것이 진짜로 느껴진다. 다시 말해 우리가 살아가는 세상과 좀 더 깊이 연결된 느낌이 든다. 그렇게 되면 당신이 이룬 모든 성취와 성공이 비로소 의미를 갖기 시작할 것이다.

결혼 서약에서 "네!"라고 답하는 것은 "나는 앞으로 당신을 보살피고, 지켜주고, 채워주고…, 원할 것입니다."라는 의미다.

친밀한 관계의
이점

첫째 아이가 2살쯤 됐을 무렵, 아이는 새벽에 잠에서 깨면 가장 아끼는 보물들을(매치박스 자동차들) 버드나무 바구니에 챙겨 넣은 다음 우리 방으로 건너왔다. 아이는 문 앞에 서서 바구니를 쑥 내밀며 우리 침대로 들어가게 해주는 것에 대한 보상이라는 듯 나름의 비언어적인 제안을 했다. 그러면 우리는 제안을 거절하고 아이를 다시 침대로 데려다주었다. 이것은 결국 모두가 완전히 잠에서 깰 때까지, 즉 그다음 2시간 동안 15분마다 반복되었다. 방에 들어오고는 싶지만 거절당할 것이 너무 두려웠던 아이가 안방 문 바로 앞에서 잠들어 있는 것을 아침에 발견한 적도 여러 번 있었다.

내가 아이를 키우면서 가장 후회하는 일 중 하나는 부모와 함께 자고 싶어 했던 아이를 외면한 일이다. 물론 우리의 의도는 좋았다. 서양의 아동 전문가들은 아이가 부모와 떨어져 자면 아이 스스로 자립심과 문제해결 능력을 개발할 수 있다고 조언해왔다.[1] 수많은 연구결과를 증거로 제시하면서 말이다. 또한 부모도 부부관계를 발전시키고 친밀함을 도모하는 일이 무척 중요하다면서.

그러나 이 문제에 절대적이고 천편일률적인 방법은 없다. 대부분의 문화권에서 아이와 부모의 잠자리는 각기 다른 방식을 따른다(참고로 영아와 함께 자는 것[2]은 안전상 위험할 수 있다. 여기서는 어린아이들과 부모가 한 침대에서 자는 것을 말한다). 육아서 몇 권을 읽고 나서야 나는 한 가지 사실을 깨달았다. 성공적이고 논리적인 육아법을 알고 있는 사람은 세상에 아무도 없다.

그래서 나는 이제 막 부모가 된 사람들에게 자신이 옳다고 느끼는 대로 하라고, 본능을 믿으라고 조언한다. 우리 부부도 그랬다. 본능을 따라서 지난 몇 년간 우리 가족은 식구들 모두 각자 자기 침대에서 잠을 자기 시작해(비록 우리 개는 막내의 침대 아래에서 자지만), 잠들고 난 이후에 어떤 일이 벌어지는지 살펴보았다. 어떤 날은 모두가 잠이 들었던 자리에서 그대로 깨어났지만, 대부분은 우리 부부의 침대에 3명이나 4명이

자고 있었다. 가끔 나는 좁은 침대에서 탈출해 첫째 아이의 침대에서 혼자 자기도 한다.

미국의 부모들은 아이와 한 침대에서 자는 것을 쉬쉬하는 편이다. 아이와 부모가 함께 자는 것이 부자연스럽다는 개소리를 들으며 컸기 때문이다. 이보다 더 자연스럽게 느껴지는 게 없을 정도인데도 말이다. 반면 일본인들은 아이와 함께 자는 것에 대단히 호의적이다.[3] 그들은 이러한 관습을 '강'이라고까지 표현하는데, 엄마와 아빠는 양쪽의 '둑'이고 그 사이에서 자는 아이는 '물'이라고 표현한다.

아이는 우리 침대에 '물'들은 발로 내 얼굴을 가격하고 한밤중에 엉뚱한 질문("아빠, 일어날 시간이에요?" "아니, 어서 다시 자.")을 던지는 등 예상치 못한 순간에 한 번씩 휘몰아치는 고요한 강이다. 우리 막내는 내 목을 가로질러서 나와 수직을 이루며 자는 게 제일 편한가 보다. 나로서는 16kg 나비넥타이를 맨 기분이지만 이상하게도 아늑해서 바로 곯아떨어진다. 어쩌면 약하게 질식을 당해서 의식을 잃는 것일 수도 있다. 한편 우리 첫째는 언제나 한쪽 발을 엄마나 아빠한테 걸치고 자는 것을 좋아한다. 그러다가 90분마다 한 번씩 일어나 앉아서 방을 한 번 둘러본 뒤 다시 잠들곤 한다.

대공황 세대인 우리 아버지의 가장 큰 공포는 거리에 나앉아 알거지로 죽지 않을까 하는 것이었다(물론 그런 일은 벌어지지 않았다). 그런 아버지의 아들인 나의 가장 큰 공포는 이기적인 성향 때문에 인간관계에 투자를 잘못해서 고독사하는 것이다. 일찍이 그리고 자주, 내가 심혈을 기울여 투자해온 것 중 하나가 바로 내 아이들이다. 일주일에 몇 번씩 한밤중에 했던 소소한 투자들이 언젠가 보상을 가져올 것이라 믿는다. 침대는 좁고, 여기저기 멍이 들고, 전반적으로 수면 부족 상태를 겪고 있지만, 이것은 '부모님이 다른 무엇보다 우선적으로 자신들을 선택했다는 사실을 아이들이 기억해줄 것'이라는 목표를 향해 적립되는 보증금이다.

우리는 이 세상에 약하디약한 존재로 홀로 왔다가 떠난다. 그리고 떠날 때는 평화 속에 잠들 수 있도록 자신을 사랑한다고 믿는 사람들의 손길을 원한다. 나의 이러한 투자로써 우리 아이들은 부모가 늙고 약해지면…, 평화 속에 잠들도록 곁에 누워 위로해주는 것을 자연스럽게 여기게 될 거라 믿는다.

행복에
투자하는 법

친구 중에 가족 1명을 루게릭병으로 잃은 부부가 있다. 그 일 직후, 그들은 자신들이 누리고 있는 행복을 되돌아보았고 서로에게 물었다.

"우리의 인생, 이 순간을 더 잘 즐기려면 어떻게 해야 할까?"

모험가 성향이 다분한 남편은, 세 자녀와 함께 최첨단 쌍동선을 타고 세계 일주를 하자고 제안했다. 만약 이 부부가 둘 다 다른 이들이 생명과 생계를 믿고 맡길 만큼(부인은 의사고, 남편은 CEO다) 최고로 잘나가는 사람들이 아니었다면 이건 정말 미친 짓이다. 그래도, 거대한 부기보드 2대에 의존해 망망대해를 항해한다는 것은 어쨌든 좀 미친 짓 같긴 하다.

이들은 시험 삼아 일주일 동안 바다로 나가 운항을 해보았고, 나는 인스타그램을 통해 이들의 모험을 매일같이 살펴보았다. 불침번, 거친 바다, 엔진 고장… 등등, 별의별 일이 다 벌어졌다. 나는 당최 이해가 안 되었다. 이들은 왜 이러는 걸까? 이건 삶을 정면 돌파한다기보다 그냥 벌을 받는 것 같았다. 그런데 그다음, 1장의 사진에서 모든 이유가 명백해졌다. 영상도 아닌 사진에서조차 남편의 기쁨이 생생하게 드러났기 때문이다. 그는 가족과 함께하기 위해서 자신이 지닌 기술과 힘과 지혜를 총동원했다. 그렇게 본래의 자신으로 돌아와 자연을 받아들이고 정복하는 일은 그를 빛나게 했다.

함께 쌓아온 것을 집어들어 서로의 행복을 향해 전력으로 던질 수 있는 파트너가 되는 것이야말로 이 땅에 태어난 우리가 번영할 수 있었던 이유일 것이다. 인생에서 가장 보람 있는 일들은 화려한 장신구(까르띠에)나 기술 발전(보잉)이 아니라, 종족을 늘리기 위해서 수백만 년이 넘는 시간 동안 우리 안에 굳어진 것들 속에 있다.

첫 번째 결혼 생활이 흔들리고 있을 무렵, 나는 약간 죄책감이 들어 부부 상담소를 찾았다. 그리고 놀랍게도 상담을 즐겼다. 우리의 테라피스트는 똑똑하고 사려 깊은 남자였는데, 그는 일반적으로 내가 가장 좋아하는 주제인…, '나'에 관심이 있는 것 같았다. 나는 테라피스트인 보리스(실명이다)에게 '사랑의 정의'를 물어보았다. 보리스는 사랑이란 당신 자신을 위해 하나씩 하나씩 쌓아온 인생을 다른 사람을 위하여 기꺼이 무너뜨리고 바꿀 수 있는 의지인 것 같다고 답했다.

그다음에 어떻게 되었는지 궁금할까 봐 말해주자면, 당시 34살의 나는 내 인생을 바꾸기는커녕, 배우자가 차 안에서 라디오 채널조차 마음대로 바꾸지 못하게 했다. 정말이지, 겁나 이기적인 놈이었다.

보리스의 정의에 따르면, 나는 아이들이 생기기 전까지는 결코, 진짜로 아무도 사랑한 적이 없었다. 본능적으로 그리고 적극적으로, 우리는 각자의 인생을 잠시 멈추고 아이들에 맞추어 일상과 삶의 계획을 조정한다. 나는 그렇게 하는 데 시간이 좀 더 걸렸다(겁나 이기적이라니까). 솔직히 처음에는 아이들이 끔찍했다. 그러나 내 안에서 본능이 천천히 깨어났고, 이제 나의 주말은 온통 축구시합과 생일파티, 그리고 '슈퍼배드 3'로 채워진다. 친구들과의 브런치, TV 시청, 그리고 늘어지게 자는 것도 아주 좋았지만, 살아가며 맞닥뜨리는 거의 모든 질문에 '뭐든지 아이들에게 제일 좋은 것'이라는 답을 하는 모습이 나에게 꽤 큰 위안을 준다. 아이가 없는 사람이라면 주변 사람들에게 친절하게 행동하고 다른 사람들을 보살피면서 나와 같은 위안을 느낄 수 있을 것이다.

조금 불편하지만
싫지 않은 일

나는 6살짜리 둘째 아들과 교감하는 데 어려움을 겪고 있다. 9살인 첫째는 나와 함께 축구를 하거나 아니면 같이 축구 경기를 시청하는 것을 몹시 좋아한다. 그래서인지 첫째는 '아빠가 완전 최고!'라고 생각하기 때문에 그동안 내 기세가 좀 등등했다. 하지만 둘째는 그렇게까지 생각하지 않는 것 같다.

최근에 나는 둘째가 롤러코스터를 굉장히 좋아한다는 사실을 알게 되었다. 나는 엘리베이터에서도 멀미가 나는 사람이지만 아이를 위해 기꺼이 노츠베리팜(Knott's Berry Farm, 미국 캘리포니아 주 부에나 파크에 있는 놀이공원 - 옮긴이)에 있는 놀이기구 '몬테수마의 복수'를 타면서 공포와 울렁거림을 견뎌낸다. 아

이는 타는 내내 정신 나간 애처럼 웃고 끝나면 "아빠, 진짜 재
미있었죠?"라고 묻는다. 그러면 나는 거짓말을 한다. "응…. 엄
청 재미있었어…." 그 순간 우리는 더 가까워진 듯하다.

어느 날 밤 우리는 아이들과 함께 패밀리 레스토랑에 있었
는데 레스토랑에서 즉석 장기자랑이 열렸다. 거기에는 아무나
나와서 노래할 수 있는 노래방 시설이 있었고, 경악스럽게도
첫째 아들이 자원을 했다. 아들은 저스틴 비버Justin Bieber의 곡
'소리Sorry'를 신청했다. 하지만 화면에 가사가 너무 빨리 지나
가자 아들은 얼어버렸고, 나는 본능적으로 아들 옆으로 뛰어
올라가 아들이 따라 부를 수 있도록 귀에 대고 가사를 소곤거
렸다. 사실 저스틴 비버와 노래방은 내가 제일 싫어하는 것 중
하나다. 그러나 사랑하는 사람들 앞에서라면 내가 싫어하는
것들은 단지 조금 불편한 것이 된다.

누군가의 밸런타인이
되는 경험

오늘날 밸런타인데이는 사랑을 표현하는 로맨틱한 날로 변했지만, 위키피디아에 따르면, 원래는 발렌티누스Valentinus라는 이름을 가진 성인 2명을 기리는 날이다. 이 성인 중 1명은 군인들에게 결혼식을 거행해주었다는 이유로 감옥에 갇혔는데, 수감되어 있던 동안 자신을 감옥에 집어넣은 판사의 시각장애를 가진 딸의 시력을 되찾아주었다. 처형되기 전에 그는 소녀에게 편지를 썼고 편지에 '당신의 밸런타인'이라고 서명했다고 한다.

크로스핏

이런 농담을 들어본 적이 있으려나 모르겠다.

'누가 크로스핏Cross-Fit을 하는지 어떻게 알 수 있게?'

'그 사람이 말해줘서.'

그래서 하는 말인데, 나는 크로스핏을 한다. 마흔 전까지 내게 운동이란 외모를 좀 더 매력적으로 보이게 하는 것, 아니면 신체 변형 장애로 고통받는 내 기분을 좀 더 좋게 만드는 것이었다. 그러나 마흔 후에는 고개를 똑바로 들고 일과 삶을 밀고 나가기 위해서(일종의 항우울제랄까?), 그리고 좀 덜 늙은 것 같은 기분을 느끼기 위한 것이 되었다. 운동이 이 세상 유일한 젊음의 묘약이라고 말하는 연구자료는 상당히 많다.

운동하러 가면 나는 대체로 그 반에서 나이가 제일 많다. 다른 수강생들과 거의 20년씩 차이가 난다. 이건 멋진 일이어야 하는데, 실상은 그렇지 않다. 그게…, 이것들이 나를 믹 재거Mick Jagger 취급한다. 나 같은 늙은이도 열심히 운동하는 모습을 보고 자극을 받는 것 같달까. 내가 박스로(무슨 이유에서인지 크로스핏 수업에서는 헬스센터를 박스라고 부른다) 걸어 들어가면, 아주 진심 어린 말들이 쏟아지기 시작한다("오! 나오셨군요! 정말 잘하셨어요!"). 그래, 엿 먹어라.

보통 운동은 시간과의 싸움이다. 다른 애들이 이미 운동을

마친 뒤 휴대전화를 확인하고 서로 주먹 인사를 나누기 시작할 때에도 나는 여전히 박스를 돌아다니며 점프를 하고 버피를 하며 다양한 형태의 고문을 계속한다. 그런 다음 아주 끔찍한 일이 벌어진다. 얘들은 내가 '아직도' 딱딱한 바닥에서 지나치게 오랫동안 물고기 자세를 하며 이따금씩 펄쩍 뛰었다가 거친 숨을 몰아쉬고 있는 것을 발견하고는, 나를 둘러싸고 (농담 아니다) 진짜로 박수를 치기 시작하며 이따위 개똥 같은 소리를 해댄다…. "할 수 있어요! 스콧!" 아, 진짜 끔찍하다.

그건 그렇고, 뉴욕시에 있는 내 박스의 코치는 션Sean이라는 친구다. 그는 23살이지만 15살로 보인다. 검정색 곱슬머리에 형광주황색 농구 반바지와 후드 티셔츠를 입고, 자신과 크로스핏을 너무도 진지하게 생각한다. 한 달 전쯤 내가 수업에 10분 지각을 했는데, 그는 반 전체, 즉 다른 20대 애들 앞에서 내게 "다음에 또 늦으면 수업에 못 들어오게 할 겁니다."라고 엄포를 놓았다(내 지각 정책을 고려하면 이 상황은 참으로 모순적이다. 62쪽을 보라). 참고로 내가 사람들에게 '나의 행동이 아니라, 내가 말하는 대로 하라.'고 당부하는 것이 잘못이라고 생각되는가? 그렇다면 다시 한번 당신 생각이 맞다.

최근에 나는 CNBC 채널에서 생방송으로 진행되는 '스쿼크 박스Squawk Box'라는 프로그램의 한 코너에 20분이나 늦었는데 고맙게도 방송국은 코너의 순서를 바꾸어주었다. 하지만 션은 달랐다. 지각이라면 넌더리를 냈다. 분명 바람직하고 좋은 일이다. 션에게 핀잔을 듣고 나면 나는 내가 그리 중요한 사람이 아니라는 사실을 깨닫는데, 나는 그 사실을 기억해야 할 필요가 있다. 물론 우리 집은 그런 사실을 떠올려주는 것들로 폭발할 지경이지만.

사람들에게 사랑한다고 말하라

크로스핏 수업이 시작되고 10분쯤 지났을 때, 바닥에서 스트레칭을 하는 내 마음은 남은 시간에 다가올 공포에 집중하기 시작했다. 밸런타인데이였던 수요일 저녁 7시 30분, 나는 수업에 갔고 스트레칭을 5분 정도 하고 있었다. 몹시 진지한 청년, 션의 휴대전화 벨소리가 또렷이 울렸다. 급한 일인가? 션은 내가 스트레칭을(등을 바닥에 대고 누워서 이따금씩 한쪽 팔과 다리를 다른 쪽으로 움직이는 것) 하고 있던 구석으로 물러나와 전화를 받았다.

"여보세요, 할아버지, 지금 일하고 있어요. 나중에 다시 전화드려도 돼요?"

그러나 할아버지는 션의 요청을 무시하고 계속 통화를 이어갔다. 그다음 3분 동안 30초마다(마침 지루하던 참이라 시간을 쟀다. 위에 나온 스트레칭 동작 설명을 보라) 션은 똑같은 세 단어를 반복했다. "네, 할아버지. 저도 사랑해요." 그것도 무려 6번이나 그렇게 말했다.

할아버지가 션에게 무슨 말을 하고 계시는지 궁금했다. 션이 밸런타인데이를 혼자 보낼까 봐 할아버지가 위로하고 계셨던 걸까? 어쩌면 할머니나 어머니 이야기를 하셨을지도 모르고, 아니면 이날을 핑계로 당신 손자가 얼마나 멋진 사람인지 괜히 반복해서 이야기하고 계셨을지도 모르겠다. 분명한 것은, 6번이나 손자에게 "사랑한다."고 말했다는 사실이다.

시각

노인들은 친구들이나 배우자가 세상을 떠나기 시작하면 죽음이라는 녀석과 가까워지고 친밀해진다. 그리고 그 덕분에 젊은 사람들은 갖지 못하는 다른 시각이 생긴다. 마케터들이 노인을 싫어하는 이유는 바로 이 시각 때문이다. 노인들은 시간과 돈을 빈티지 운동화, 아이폰, 캡슐 커피 같은 것에 쓰지 않고 건강관리, 사랑하는 사람들, 손주들 대학 등록금 등에 쓰기 시작한다. 요약하자면, 노인들은 걱정이 많아지고 놀라울 정도로 지혜로워져서…, 젊은 사람들처럼 자신을 더 매력적으로 보이거나 힘 있는 사람으로 느끼게 해줄 듯한 물건, 즉 마진이 큰 상품들에 돈을 쓰지 않는다.

한편 우리는 자식들에게 굉장히 많이 투자한다. 축구장에 앉아서 골키퍼를 맡은 9살짜리 아들이 11번이나 날아오는 골을 막지 못하고 허공에 몸을 날리며 자기 뒤의 골대로 공이 들어가게 하는 것을 가만히 지켜본다든지, 워터파크에서 좋아하지도 않는 음식을 소화시키려고 애쓰는 일들 말이다. 보상은? 수십 년 후, 아이들의 아이들이 일하고 있을 때 전화를 걸어 방해를 하고, 다시 전화하겠다는 손주들의 요청을 무시하며 30초에 1번씩 사랑한다고 말하고, 잠깐 쉬었다가 손주가 손주 역시 당신을 사랑한다고 하는 말을 들을 수 있는 것이다. 계속 반복해서…, 6번이나 말이다.

애정을
표현하라

마크 그린Mark Greene은 〈미디엄Medium〉에 게재한 글에서 남자들은 애정 표현을 강탈당했고 이것은 우리 모두에게 손해라고 주장했다.[4] 나 역시 그의 말에 동의한다. 어렸을 때 남자들은 '애정 표현은 섹스로 발전하기 위한 수단의 하나이거나 아니면 동성애 표시의 하나'라고 교육받았다. 내가 성장하던 시절에는 동성애가 나쁜 것이었다. 환영받지 못하는 성적 동기나 동성애 같은 연관성 때문에, 우리의 손길은 신뢰받지 못했고 그래서 대부분의 남성은 애정 표현을 빼앗겨버렸다. 우정, 호의, 또는 사랑을 표현하기 위한 우리의 무기고에서 애정 표현이 사라진 것이다.

스킨십은 인간의 소통, 유대감, 건강에 진정 중요하다. (···) 스킨십은 보상과 연민의 감정에 관여하는 뇌의 안와전두피질을 활성화한다. (···) 스킨십은 안전과 신뢰를 상징하고 마음을 달래준다.[5]

– 대커 켈트너Dacher Keltner, UC버클리대학교 심리학과 교수

나이가 들면서 나는 애정 표현을 되찾기 위해 의식적으로 노력해왔다. 특히 내 아이들과 관련해서는 더욱 그렇다. 그것이 우리의 유대를 강화하며, 아이들의 삶에는 자신감을 더해주고, 내 수명 역시 몇 년은 더 연장시킬 것이라고 확신한다.

키스

나와 단짝인 리의 가족은 이탈리아 출신이다. 나는 종종 리 그리고 리의 아버지와 어울려 놀았다. 가장 선명하게 기억나는 순간은 리의 아버지가 나타나셨을 때다. 리의 아버지는 아파트로 걸어 들어오셔서 내 친구 리의 입술에 키스를 했다. 마치 악수를 하듯 자연스러웠다. 나는 그전까지 성인 남자 2명이 키스하는 모습을 본 적이 없었다. 20년 후에서야 내게 이탈리아 문화를 알려주는 또 다른 기준의 드라마 '소프라노스The Sopranos'를 보며 이것이 굉장히 일반적인 일이라는 사실을 확인했다. 첫 충격이 가시고 나는 그 느낌이 꽤 좋았음을 복기했다.

나는 아이들에게 키스를 아주 많이 한다. 그 행위 자체로도 좋지만, 진짜 보람은 아이들이 그 순간을 존중한다는 사실이다. 아이들이 TV를 보고 있거나, 싸우거나, 불평하고 있을 때도 있지만(애네들은 억수로 불평을 해댄다), 내가 키스 신호를 보내면(앞으로 몸을 구부리고 입술을 오므린다), 아이들은 하던 일을 전부 멈추고 턱을 위로 올려 각도를 맞춰 내 입술에 뽀뽀하고…, 그다음 하던 일을 다시 한다. 이것은 마치 아이들이 아빠와의 키스가 의미 있으며, 다른 일은 몇 초 후에 계속해도 괜찮다는 사실을 인지하고 있다고 말해주는 것 같다.

손잡기

나는 아이들이 생기기 전까지 손잡는 것을 전혀 좋아하지 않았다. 우리가 자식을 위해 하는 일들, 그러니까 축구 연습, 걱정, 카풀, 형편없는 영화 같이 보기, 리모콘 설정하기, 아이들이 당신보다 더 나은 인생을 살도록 뼈 빠지게 일하기 등은 각각 따로 떼어놓고 보면 괜찮다. 뭐, 견딜 만하다. 하지만 아이가 없는 사람이라면 절대 하지 않을 일들이다(나는 '이모티: 더 무비The Emoji Movie'를 보았다!).

그러나 결국 이런 부분들이 합쳐져 새로운 본능의 상자를 형성하고 우리는 매 순간 그것을 점검하게 된다. 아이의 손을 잡는 것은 이러한 보상을 더 잘 압축하여 하나의 행동으로 뽑아내는 최고의 방법이다. 모든 아이의 손은 부모의 손에 완벽하게 들어맞는다. 당신은 부모이고, 당신의 아이와 손을 맞잡고 있다. 그 순간은 당신이 급사한다고 할지라도(그건 물론 비극이겠지만), 이 세상에 성공이라는 흔적을 남기지 못하고 죽는 것보다는 훨씬 덜 비극적이라는 느낌이 드는 순간 중 하나다.

10살인 내 첫째 아이는 점점 독립심이 강해져서 요즘에는 내 손을 덜 잡는다. 하지만 적어도 오늘 저녁 축구 경기장에서 무심코 보게 된 14살짜리 여자애처럼 질색팔색하며 "하지마!"라고 소리를 지르지는 않는다. 10대 딸의 손을 잡은 '반인류적 범죄'를 저지른 사람은 바로 그 여자아이의 엄마였다. 분명 그 딸도 나중에는 마음이 편치 않으리라.

7살인 둘째는 밖에서 길을 걸을 때면 언제나 본능적으로 내 손을 꽉 잡는데, 이 느낌은 정말이지 마법 같다. 집 안에서는 우리 모두를 공포에 떨게 하는 야만인 같은 애가 거친 바깥세상으로 나가면 조금 겁을 먹고 틀림없이 자신을 보호해줄 거라고 믿는 사람의 손을 잡아 안전을 보장받으려 한다. 물론 엄마의 손을 먼저 찾고 언제나 나는 2순위지만…, 그건 당연히 괜찮다.

나는 6살인가 7살 때부터 부모님의 개성을 인지하기 시작했다. 부모는 소비자 브랜드와 닮은 면이 있다. 소비자들이 브랜드를 기억하는 방식과 마찬가지로, 아이들은 인간이란 복잡한 존재라는 사실을 깨달으면서 알게 될 수많은 뉘앙스를 놓친 채, 오직 부모에 관해 중요한 것 2~3가지만을 기억한다. 가령 내 어머니는 똑똑하고 나를 무척 사랑하셨지만, 나의 터무니없는 행동은 용납하지 않으셨다. 우리 아버지는 가족들과 있을 때는 진지하고 조용하셨지만, 낯선 사람들에 둘러싸여 있을 때는 굉장히 매력이 넘치고 활달하셨다.

아이들이 더 성장했을 때, 당신을 어떻게 기억할까? 추측하기 어렵다. 나는 우리 아버지의 딱딱한 태도와 화를 약간 물려받았다. 내게 이런 성향이 없었다면 우리 집은 지금보다 훨씬 밝았을 텐데 싶은 부분이다. 그럼에도 나는 내 아이들이 아빠를 생각하면 '항상 우리에게 뽀뽀하고, 언제나 손을 내밀어 잡아주셨던 분'이라는 기억이 떠오르도록 노력한다. 버트 레이놀즈(Burt Reynolds, 카리스마의 아이콘으로 불리는 미국 영화배우 — 옮긴이) 같은 남자가 다른 남자에게 키스할 수 있다면 나도 할 수 있다. 나는 애정 표현을 되찾는 중이다.

그리움은
또 하나의 배움이 된다

우리는 수백 년간 글자를 읽어왔고, 수천 년간 말을 들어왔으며, 수백만 년간 이미지로 무언가를 배워왔다. 인간은 이미지에 강하다. 우리는 글보다 이미지를 50배 빠르게 해석하고 이해할 수 있다.[6] 더 오랜 시간 시각적으로 훨씬 더 많이 훈련되어 왔기 때문이다. 10대 때 들었던 음악이 우리의 존재를 이루는 것처럼, 어린 시절의 이미지들은 우리의 뇌에 깊이 각인된다.[7]

내가 7살 때 우리 가족은 라구나 니구엘의 해변가에 자리한 주택에 살았다. 아버지가 일찍 퇴근하고 집에 돌아오시면 우리는 바로 앞바다에서 보디서핑(서프보드 없이 하는 파도타기 -

옮긴이)을 하고 바다표범과 돌고래를 구경하곤 했다. 폭풍이 몰아치는 아침이면 뉴포트 비치로 달려가 부두 끝에 서서 수백 미터 앞을 바라보았다. 어마어마한 물결이 해안에 부딪혀 2~3m 높이의 푸른 회색빛 반원형을 만들면 서로 조심하라고 주의를 주었다. 그러고는 해수면이 파도에 닿아 부두가 흔들리기를 기다렸다.

새로운 보름달이 차오르기 시작하는 봄 나흘간, 자정 무렵 어머니는 나를 깨우셨고 우리는 손전등을 들고 해변으로 내려가 뜨거운 금속 슬라이스처럼 생긴 물체가 얕은 파도 위에서 넘실거리며 춤추는 모습을 구경했다. 색줄멸(정어리와 비슷하게 생긴 바닷물고기 - 옮긴이) 떼가 달아나고 있었다. 이런 장면들 모두 드라마 '오씨(The O. C., 상류층 사회인 오렌지 카운티를 배경으로 한 청춘 남녀의 열애사를 그린 드라마 - 옮긴이)'의 메인 오프닝에 나올 법한 이미지와는 거리가 멀다(나는 바닷가에 살았다).

아버지가 출장을 가실 때면 어머니와 나는 오렌지 카운티의 존 웨인 공항까지 아버지를 배웅하러 나섰다. 그곳은 공항이라기보다 상업용 항공기 뒤편에서 사람들의 발목을 잡아끄는 레스토랑 같은 느낌이었다. 2층에는 둥글게 이어진 발코니와 바Bar가 하나 있었는데, 보안요원도 없어서 길가에 있는 계단을 통해 들어갈 수 있었다. 아버지는 나를 발코니로 데리고 나가셨고 파일럿이 브레이크를 해제하면서 비행기 엔진이 굉음을 내면 내 귀를 막아주셨다. 비행기는 바닷가 표범에서 날아오르는 독수리로 변신하여 5,700피트 상공으로 올라가기 시작했다.

아버지는 내게 보잉 727과 DC-9의 차이점(삼발 여객기 vs. 쌍발 여객기), DC-10과 L-1011의 차이점(세 번째 제트 엔진이 비행기 동체의 일부임 vs. 꼬리 중간 부분에 승무원 공간이 있음)을 알려주셨다. 에어 캘리포니아Air California와 퍼시픽 사우스웨스트 항공사Pacific Southwest Airline의 브랜드 광고가 레스토랑의 뒤뜰을 점령하고 있었다. 활짝 웃고 있는 입 모양에 색칠한 코가 그려진 퍼시픽 항공은 큰 창문 밖에서 우리를 향해 활짝 웃고 있었다.

우리 부모님은 아메리칸 드림을 실현하며 살고 계셨다. 교육은 중학교 2학년 수준까지 받으셨지만, 이 두 이민자는 열심히 일하고 자신들의 재능을 바쳐 미국 경제에 이바지했다. (다시 한번 말하지만) 우리는 바닷가 근처에 살았다. 하지만 얼마 후 두 분은(주로 아버지) 모든 걸 망쳐놓으셨고, 곧 바닷가와는 거리가 먼, 두 채의 집에 떨어져 살게 되었다.

이혼 후 아버지는 격주로 금요일마다 퇴근 후에 그랜토리노Gran Torino 자동차를 몰고 엔시노Encino에 있는 어머니의 22평 남짓한 아파트로 나를 데리러 오셨다. 어머니는 아버지를 미워했기 때문에 아버지나 아버지의 차조차도 보고 싶어

하지 않으셨다. 그래서 나는 늘 밖에서 기다려야 했고, 우리 아파트에서 멀찍이 떨어진 곳에서 때론 1시간을 기다리기도 했다. 그러면서 내게는 멀리서도 차체나 헤드라이트 불빛으로 자동차를 구별해내는 재주가 생겼다. 에이엠씨 페이서AMC Pacer는 알아보기 가장 쉬운 차였다.

하늘 위에서 소리가 나면 나는 아직도 하늘을 올려다보고, 대부분의 비행기와 항공사를 구별해낸다. 최근에 친구들과 사우스 비치에서 주말을 보냈는데 내가 뮌헨으로 향하는(루프트한자Lufrhansa) 2층짜리 에어버스 A380과 파리로 향하는(에어프랑스) 여객기를 구별하자 친구들은 굉장히 놀라워했다.

하늘을 지긋이 올려다보고 항공교통 목록을 만드는 것은 내게 본능과 같은 일이다. 그것은 위를 올려다보고, 물체를 식별하고, 우리가 한 가족으로 바닷가 근처에 살던 때를 떠올리는 것과 다름없기 때문이다.

교감하라

코리 플로이드Kory Floyd 교수가 소개한 '애정 교환 이론'에 따르면, 애정은 유대감을 강화하고, 자원에 접근할 수 있도록 하고, 부모로서 당신의 잠재력을 펼치게 하고, 미래 배우자감의 범위를 확대한다고 한다. 내 생각에 애정 교환의 장점은 그보다 훨씬 더 많은 것 같다.

나는 꽤 운이 좋은 사람임에도 불구하고, 방황하는 사람들을 많이 알고 있다. 그들은 의미 있는 관계를 맺지 못하고, 직업적으로 보람을 느끼지 못하며, 자신에게 너무 엄격하게 대하는 등 어딘가 정착하지 못하고 자신의 가치를 절대 확신하지 못… 한마디로 방황한다.

돌이켜 보면 내 성공은 주로 2가지 요소 덕이었다. 미국에서 태어났다는 점과 내 행복에 비이성적일 만큼 열정적인 사람, 바로 우리 어머니가 계셨다는 사실이다. 비록 어머니는 애정이 부족한 가정에서 자라셨지만, 당신 아들에 대한 사랑은 주체하지 못하셨다. 내게 애정이란, 누군가가 나를 훌륭하고 가치 있는 사람이라고 생각해주기를 '바라는' 것과 누군가 분명 그렇게 생각한다는 사실을 '아는' 것의 차이다.

매주 수요일 저녁, 보이 스카우트 활동이 끝나면 어머니와 나는 컬버 시티Culver City의 세풀베다 대로에 있는 주니어스 델리로 저녁을 먹으러 갔다. 나는 브리스킷 딥 샌드위치를 먹고, 어머니는 연어와 계란, 양파가 든 샌드위치를 드셨다. 평일에는 대화를 많이 나누지 못하기 때문에 우리는 저녁을 먹으며 그 주에 있었던 일에 관해 이야기했다. 이따금 웨이터들이 다가와서 내가 얼마나 컸는지 놀라워하며 방해를 하기도 했다.

저녁을 먹고 나가는 길에는 빵집에 들러서 할바(halvah, 깨와 꿀로 만드는 터키의 과자-옮긴이)를 사곤 했다. 주차장에 서서 주차요원들이 우리의 라임빛 녹색 자동차 오펠 만타를 가지고 나오기를 기다리면서 어머니는 내 손을 꽉 쥐고 격하게 앞뒤로 흔드셨다. 어머니는 나를 바라보셨고 나는 눈을 희번덕거리며 어머니 눈빛에 답례를 했다. 그러면 어느 순간 어머니는 기쁨으로 가득 찬 듯한, 걷잡을 수 없는 웃음을 터뜨리셨다. 어머니는 나를 정말 몹시도 사랑하셨다….

당신이 얼마나 훌륭한지 수백 번도 더 표현해주는 좋은 사람이 있다는 사실은 모든 것을 변화시킨다. 대학, 직업적인 성공, 훌륭한 배우자…, 이런 것들은 중류층 가정에서 자란 놀라울 정도로 별 볼 일 없는 아이에게 공짜로 주어진 것이 아니었다. 오직 그 아이를 향한 누군가의 염원 덕분이었다. 우리 어머니는 43세에 싱글맘이고, 비서로 일하면서 연 소득이 1만 5,000달러밖에 되지 않으셨다. 하지만 어머니는 내가 어머니와 이어져 있고, 교감을 나눈다고 느끼게 해주었다. 우리가 오펠 차를 기다리는 동안 내가 가치 있는 사람이고, 능력 있으며, 이 모든 것들을 누릴 자격이 있는 사람이라는 자신감을 심어주셨다. 손을 잡고 함께 웃으면서 나는 어머니와 깊이 교감했다.

당신의 첫 집은
중요하지 않다

자본주의 사회에 사는 우리는 무언가를 구매하는 행위를 통해 삶의 큰 획을 그을 때가 있다. 당신이 중요하게 생각해야 할 첫 번째 구매는 약혼반지다. 드비어스(De beers, 세실 로즈가 1888년에 설립한 세계 최고의 다이아몬드 브랜드 – 옮긴이)가 젊은 남성들에게 거금을 쓰도록 세뇌시킨 탓이다. 반지 구매는 '가치 저장'이며, 일반적으로 남자다움의 수준을 보여준다. 즉 자신이 경제적으로 얼마나 성공했는지를 반영하는 물건으로써, 자신의 것을 표시하고자 하는 이상한 관념에 잘 들어맞는다.

두 번째로 중요한 구매는 바로 '집'이다. 전미부동산협회는 교묘하게도 자기 주택을 소유하는 것이 곧 아메리칸 드림이라는 허상을 만들어냈다. 2007년에 집을 구매한 사람 아무나를 붙잡고 그들의 '꿈'이 실현되었는지 물어보기 바란다.

예일대 교수이자 경제학자이며 노벨상 수상자인 로버트 실러Robert J. Shiller 교수는, 유지보수 측면을 고려하면 주택은 다른 어떤 종류의 자산과 비교해도 그리 나은 투자가 아니라고 주장한다. 그래도 여전히 우리는 '내 집 마련'을 어른으로서 마땅한 행보이며 발전의 신호라고 여긴다. 또한 주택 구입은 강제 저축의 한 형태이기도 하다. 정부도 주택 구입을 밀어주었고(앞에 나온 전미부동산협회 참고), 주택담보대출에 붙는 이자는 세금 공제까지 받는다. 담보 대출에 대한 세금 공제는 미국에서 가장 값진 세금 우대 조치 중 하나다. 또 다른 혜택도 있다. 미국의 경우 경상 소득에 비해 양도 소득에 붙는 세금이 더 적다. 그런 면에서 주택 소유와 투자, 이 2가지는 모두 '미국인스러운' 행동이다. 또 간단히 말하자면 이 둘은 빈곤층에서 부유층으로 향하는 계층의 이동을 뜻한다. 집과 주식을 소유하는 사람은 누구인가? 대개 부유하고 나이 많은 사람들이다. 그렇다면 누가 세를 전전하며 양도 소득 혜택을 받을 수 있는 자산을 갖고 있지 않은가? 바로 가난한 젊은이들이다.

그러나 당신의 삶을 더 잘 보여주는 것은 사실 당신의 첫 집이 아니라, 마지막 집이다. 어디에서 마지막 숨을 거두느냐가 훨씬 더 큰 의미를 가진다. 그것이 당신의 인생이 얼마나 성공적이었는지를 보여주며, 더 중요하게는 당신의 행복에 관심을 두는 사람들의 수를 반영하기 때문이다. 삶의 끝을 향해 가고 있을 때면 아마도 당신은 사회나 주위 사람들에게 큰 보탬이 되지 못할 것이다. 그럼에도 당신을 보살피는 사람들이 있다는 것은 그들이 상당히 관대하거나 아니면 당신이 그동안 보내준 사랑과 정성과 지지에 화답한다는 뜻이다.

나의 어머니는 삶의 막바지에 이르렀을 때 라스베이거스에 있는 한 요양원에 들어가셨다. 어머니가 입소하실 때 나는 어머니께 낡은 가구를 몽땅 버리라고 했고, 우리는 방 전체를 포터리반(프리미엄 홈 퍼니싱 브랜드 – 옮긴이) 가구로 다시 꾸몄다. 포터리반의 CMO인 팻 코놀리Pat Connolly가 할인을 해주었는데, 1990년대에 내가 윌리엄 소노마의 인터넷 전략을 조언해주었던 것에 대한 보답이었다. 그 방은 어머니가 좋아하셨던 클럽 의자나 셔닐chenille직 베개 같은 물건은 없었지만, 아들이 그녀를 위해 직접 꾸며준 곳이었다.

병세가 매우 위중해진 어머니는 몇 번의 수술을 받으신 후에 장기요양병원에 들어가셨다. 그 시설은 사방에서 오줌 지린내가 났고, 복도에는 사람들이 휠체어에 앉아 졸고 있었다. 나는 어머니가 다른 여성 한 분과 함께 쓰는 방으로 들어갔다. 어머니의 룸메이트는 병석에 누워 꼼짝도 못하는 상태였는데 얼굴에서 15cm 정도 떨어진 곳에 금속 막대에 부착된 TV가 있었다. TV는 계속 껌뻑거리며 켜졌다 꺼지기를 반복했다. 그분은 나를 보고 TV 소리가 너무 큰지 물었다. 어머니는 침대 끝에 몸을 바로 세우고 앉아 계셨고, 나를 보자마자 "여기에 있기 싫구나."라고 말씀하셨다.

그 순간 나는 내가 인정받고 있다는 생각, 반쪽짜리 인터넷 유명세, 돈 그리고 사치스러운 생활…, 내가 누리고 있는 이 빌어먹을 것들이 전부 가짜라는 생각이 들었다. 40kg밖에 안 되는 어머니는 지린내가 진동하는 이곳에 갇혀 계시는데…, 그게 다 무슨 소용이란 말인가. 내 인생은 실패였다.

나는 어머니를 도와 짐을 싼 뒤, 간호사들에게 어머니를 모시고 집으로 가겠다고 말했다. 하지만 간호사는 '의사의 명령에 반하는 것'이라는 사유를 들먹이며 필요하면 보안요원을 부르겠다고 했다. 그 말을 듣자마자 나는 밖으로 나가 운전기사에게 차를 대기시키라고 전했다. 어머니를 휠체어에 태워 데리고 나올 텐데, 어머니가 나오면 재빨리 차에 태우고 떠나야 하기 때문이었다. 나는 다시 시설로 들어가서 어머니를 휠체어에 태우고 가방을 어머니 무릎 위에 올려 밖으로 향했다. 데스크를 지날 때 간호사들은 조용히 우리를 쳐다보았고, 몸집이 큰 보안요원 한 명이 여닫이 출입문 사이에서 우리를 막

아섰다. 그는 아무 말도 하지 않고 그냥 거기에 서 있었다.

내가 만약 그 남자에게 당장 내 앞에서 꺼지라거나, 아니면 모건 프리먼 말투로 "내 어머니를 집으로 모시고 가겠소!"라고 통보했다면 이야기가 훨씬 더 멋지게 들렸겠지만, 실제 상황은 (대체로) 그렇지 못했다. 나는 휠체어 손잡이를 꽉 붙잡은 채 얼어붙은 듯이 그 자리에 가만히 서 있었고, 병원 가운을 입고 있는 어머니는 당신의 소지품이 든 더플백을 꽉 쥐고 계셨다. 우리 모두 그 자리에 10초 정도 서 있었는데 정말 그 10초가 10분처럼 느껴졌다. 보안요원이 생각해도 우리가 좀 안돼 보였던 모양인지, 그는 시선을 바닥으로 떨구더니 그냥 가버렸다. 우리는 그곳을 탈출했고, 어머니는 7주 뒤에 집에서 돌아가셨다.

내 아버지와 새어머니는 최근에 이사를 하셨는데, 두 분 다 88세이시니 그 집이 이제 두 분의 마지막 집이 될 것 같다. 새어머니의 자식과 나는 두 분의 이사를 더 편하게 해드리고 그

곳이 안락한 공간이 되도록 힘을 보탰다. 아버지는 더 이상 정원을 가꾸어야 할 필요도 집을 손보아야 할 필요도 없을 테니 이번이야말로 당신이 진짜로 쉴 수 있는 처음이자 마지막 기회일 거라고 말씀하셨다. 그곳은 대학이 자리한 도시에 있는 훌륭한 동네다. 영화의 밤도 있고, 항시 대기 중인 의료진도 있으며, 아버지가 사용할 수 있는 수영장도 있다. 우리는 아버지가 평생 해오신 운동 습관을 유지할 수 있도록 개인 트레이너도 보내드릴 예정이다.

첫 집이 당신의 미래와 가능성을 의미한다면, 마지막 집은 훨씬 더 심오한 것, 바로 당신을 사랑하는 사람들을 보여준다.

인생의 마지막에
대처하는 법

한 인터넷 거물 기업이 주최한 컨퍼런스에서 연설을 한 다음 날, 나는 링크드인에서 4개의 메시지를 받았다. 3개는 전날 연설에 관한 좋은 피드백과 더불어 나와 인연을 맺고 싶어 하는 사람들이 보낸 것이었다. 그런데 나머지 1개가 나를 무척 당황스럽게 했다. 안면이 없는 26세 여성이 내게 조언을 구하는 내용이었다. 그 메시지를 아래에 소개한다(이름과 구체적인 내용은 약간 바꾸었다).

제목: 삶에 대한 조언 부탁합니다.

안녕하세요? 갤러웨이 교수님,

교수님의 의견을 신뢰하며 분명 교수님의 조언이 도움이 될 것이라 생각해 연락을 드리게 되었습니다.

저는 26살이고 ○○시에서 소비재 회사에 다니며 디지털 마케팅 분야에서 경력을 쌓고 있습니다. 제 일은 독특한 문제들을 해결하고 열정적인 팀원들과 함께 많은 데이터를 이용하여 상품개발을 이끌어내는 것인데, 이 일은 제 커리어에 날개를 달아준, 아주 훌륭한 기회였습니다.

그런데 지난 1월에 아버지께서 췌장암 말기 진단을 받으셨고, 저는 아버지, 어머니와 함께 지내기 위해 고향으로 돌아가기로 결심했습니다. 원래는 일을 계속할 계획이었지만…, 이런 상황에서 더는 그럴 가치가 없을 것 같다는 찜찜한 기분이 듭니다. 다시 말해 일을 계속하면 커리어를 더 쌓고 돈도 더 벌 수 있겠지만, 이 시기에 가족과 함께 보내는 날들에 비하면 가치가 없다는 생각입니다. 하지만 여전히 지금 하는 일이나 배우는 것을 중단하는 게 장기적인 측면에서 제 커리어에 악영향을 주지는 않을까 걱정이 됩니다.

이 문제에 대해 저희 아버지께서 냉철하고 편견 없는 사고로 답을 내려주신다면 얼마나 좋을까요? 하지만 그러실 수가 없으니 가장 좋은 차선책으로 교수님의 의견을 듣고 싶습니다!

나는 다음과 같이 답장을 보냈다.

X에게,

아버지의 일은 유감입니다. 먼저 주의사항을 조금 알려주자면, 제게 는 병든 부모님을 위로하는 일과 관련해 어떠한 실증적인 자료나 자 격도 없습니다. 이런 일들은 매우 개인적인 결정입니다. 제가 조언해 줄 수 있는 것은, 제 어머니가 아프셨을 때 제가 어떻게 했는지와 그 과정에서 배운 것뿐입니다. 하지만 그때 커리어 측면에서 저는 당신 과 다소 다른 위치에 있었다는 점은 중요하게 고려해야 합니다. 저는 39살이었고 직업적으로 어느 정도의 위상과 경제적인 안정을 달성한 상태였습니다. 26살이라면 아직 그 정도를 이루지는 못했을 겁니다. 이 문제에 대해 보편적인 해결책이나 매뉴얼은 없습니다. 많은 부분 이 당신과 부모님의 관계, 실행계획, 당신 가족이 지닌 자원에 달려 있습니다. 그러니 그 점을 염두에 두고 참고하기 바랍니다.

우리 어머니는 전이성 위암 진단과 함께 3개월 시한부 선고를 받으셨 습니다. 어머니는 병원이 아니라 집에서 삶을 마무리하고 싶어 했고 제게 도움을 청했습니다. 저는 기꺼이 그렇게 해드렸죠. 저는 어머니 와 함께 살기 위해서 네바다 주 서머린에 있는 한 은퇴자 커뮤니티로 이사했고, 우리는 같이 시간을 보내며 어머니가 떠나시는 길을 더욱 품위 있게 만들었습니다. 그렇게 어머니는 7개월 후 집에서 돌아가셨 습니다. 당신이 어디에서 죽음을 맞이할지와 생의 마지막에 누구와 함께 있느냐는 당신의 삶이 성공했는지 실패했는지를 보여주는 강력한 지표입니다.

- **당신의 집이 얼마나 좋은지는 전혀 중요하지 않습니다.** 병원 형광등 불빛 아래에서 낯선 사람들에게 둘러싸여 세상을 떠나게 된다면 무척 실망스러울 것입니다. 물론 이런저런 선택을 할 수 없는 사람들도 많다는 사실을 압니다. 만약 당신이 사랑하는 사람들과 함께 집에서 죽음을 맞는다면 당신의 인생은 성공했다고 볼 수 있을 겁니다. 그것은 당신이 의미 있는 관계들을 이루어왔고, 사람들에게 친절하고 관대했다는 증거니까요. 우리 어머니는 교육도 제대로 받지 못했고, 이혼한 싱글맘에 삶을 근근이 연명할 정도를 벌면서 사셨습니다.
하지만 어머니는 자신의 집에서 자신을 엄청나게 사랑했던 사람들에게 둘러싸여 편안하게 마지막 숨을 거두셨습니다. 당신의 아버지가 집에서 평화롭게 돌아가실 수 있도록 준비해드린다면, 그것은 아버지께 그 무엇보다 큰 애정을 표현할 수 있는 행동일 것입니다.

- **보살펴 주는 분들을 보살피십시오.** 제 경우, 이모 네 분과 어머니의 절친한 친구 한 분께서 각각 3~4주씩 우리와 함께 지내며 어머니의 간호를 도와주셨습니다. 거기에는 제가 할 수 없는 일들도 있었기 때문에 그분들의 도움은 굉장히 중요했습니다. 제가 보탬이 될 수 있는 한 가지 방법은 그분들에게 우리 집에서 머무는 것이 즐겁도록 해드

리는 일이었습니다.

제 이모 중 한 분은 수다 떠는 것을 무척 좋아하시는데 사실 저는 그렇지 않습니다. 저는 그저 일 때문에 입을 열 뿐이지, 집에 있을 때면 아이들과 아내의 목소리를 듣는 것을 좋아해서 말을 많이 하지 않습니다. 하지만 저는 그 당시 밤늦게까지 별 의미도 없는 주제를 가지고 이모와 여러 시간 동안 대화를 나눴습니다.

그리고 또 다른 이모는 술과 도박을 좋아했습니다. 저는 그 이모를 서머린에 있는 형편없는 카지노에 모시고 가서 이모 손에 100달러를 쥐여드렸습니다. 이모가 화이트 러시안 칵테일을 마시며 게임을 하는 동안 저는 옆에 있는 25센트짜리 룰렛 테이블 앞에 앉아서 얌전히 기다렸습니다. 그런데 문제는 이모의 주사였습니다. 이모는 술에 취하면, 동전을 들고 우리 테이블에 나타난 것 빼고는 아무 잘못도 없는 '운 나쁜' 남자들에게 추파를 던졌습니다. 한번은 이모가 어떤 남자의 카우보이모자를 벗겨 집어 들더니 그걸 남자의 사타구니 위에 올려놓고 "카우보이가 왜 이렇게 시들시들해!"라고 소리를 지르시기도 하셨습니다. 전 그게 무슨 뜻인지도 모르겠습니다만, 당시에 총으로 제 머리를 쏘고 싶었다는 것은 확실합니다. 하지만 화이트 러시안을 마시며 룰렛 게임을 즐기던 우리 이모는 매일 아침 어머니를 목욕시켜주셨고, 그 이유 하나만으로도 저는 이모를 사랑했습니다.

한편, 어머니의 절친 카슨 여사님은 지독한 알코올중독이었습니다. 그분은 진통제에도 중독되셔서 어머니가 돌아가시고 3년 후에 매년

마약성 진통제로 사망하는 4만 명 가운데 1명이 되셨습니다. 저는 그분께 스카치위스키 조니 워커 블루 라벨을 드렸고(그분은 보통 레드 라벨을 드셨지만), 우리는 거의 매일 밤 인스턴트 피자를 만들어 위스키를 곁들여 먹었습니다. 스카치위스키를 거의 매일 밤에 말입니다. 카슨 여사님은 그저 어머니가 잠드신 후 함께 술을 마셔줄 사람이 필요했던 것 같습니다.

당신의 어머니를 모시고 영화도 보러 가고, 나가서 맛있는 점심도 사먹고, 산책을 하세요. 전적으로 아버지의 병간호를 책임져야 할 어머니 앞에는 얼마나 고된 길이 기다리고 있겠습니까.

• **경계를 정하십시오.** 아버지께 남아 있는 날들은 중요합니다. 하지만 당신에게 남은 날들도 중요합니다. 당신도 당신의 인생을 살아야 하니까요. '산 사람은 살아야 한다.'라는 옛말을 생각하세요. 어머니가 아프셨을 때 저는 매주 목요일에 집을 떠나서 친구들을 만나고 뭔가 활기 넘치는 일을 하기 위해 뉴욕이나 마이애미로 갔습니다. 당신이 이루어내는 업적들은 부모님이 당신이 자라는 동안에 긍정적인 환경을 만들어주실 수 있었다는 사실을 암시합니다. 이것의 핵심은 경제적 안정이며, 경제적으로 안정을 이루기 위해서 당신의 나이에는 직업적인 탄력이 필요합니다. 당신이 인생의 계획을 조정하는 것에 대해서는 아버지께서 고마워하실 거라 생각합니다만, 당신의 인생을 송두리째 바꾸거나 커리어를 중단하지는 마시길 바랍니다. 언젠가는

당신도 자식이 생길 것이며, 당신 부모님의 손주들 또한 자신들을 부양해주고, 직업적인 성취감을 느끼는 '엄마'가 필요할 테니까요. 오직 당신만이 이 균형을 어떻게 맞출지 생각해낼 수 있습니다.

사람들은 종종 예상했던 것보다 더 오래 삽니다. 우리 어머니께는 3개월이 선고되었지만 7개월을 사셨지요. 불행히도 어느 일요일, 제가 다시 비행기를 타고 돌아왔을 때 어머니는 이미 30분 전에 세상을 떠나신 후였습니다. 임종을 지켰다면 정말 좋았겠지만 그래도 그 방법을 바꾸지는 않을 것 같습니다. 만약 그런 식으로라도 제 삶이 없었다면 저는 어머니와 함께하기에 별로 달갑지 않은 사람이었을 겁니다(일단 저는 그리 즐거운 사람이 아닙니다). 그런 이중생활이 그나마 제 우울한 낌새를 상당히 줄여주었습니다. 그렇게 집에서 떠나보낸 어느 주말에 저는 인연을 만났고, 2년 후 우리는 아들을 하나 낳았으며 그 다음 한 명을 더 낳았지요. 만약 저 스스로 제 인생, 제 욕구, 제 행복을 모른 척했다면, 우리 어머니께는 손주들이 생기지 않았을 겁니다. 제가 어머니를 꼭 빼닮은 아들을 낳았다는 사실(거기다 가운데 이름을 실비아로 한 사실)을 어머니가 아셨다면 분명 기뻐하셨을 겁니다.

- **대중매체를 함께 즐기세요.** 어머니와 전 TV를 좋아해서 우리는 같이 TV를 엄청나게 봤습니다. 그건 아주 즐거운 경험이었습니다. '프레이저', '제퍼디!', '내 사랑 레이몬드', '프렌즈' 등등. 아버지가 좋아하시는 대중매체는 무엇입니까? 책을 좋아하신다면 아버지께 책을 읽

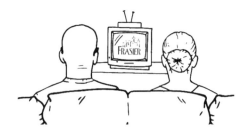

어주세요. 음악을 좋아하신다면 함께 음악을 들으세요. 아버지가 제일 좋아하는 영화들을 함께 보세요.

- **아버지의 삶을 다시 체험하세요.** 저는 어머니와 함께 앨범을 들춰보면서 어머니의 어린 시절과 성인 시절의 이야기를 들려달라고 했었는데 그건 우리 둘 모두에게 의미 있는 시간이었고 어머니께는 당신의 삶을 회고하는 기회가 되었습니다. 이것을 가능한 한 많이 하십시오.

- **마음속에 있는 말을 전부 하세요.** '사랑해요.'라고 충분히 말했거나 아버지를 얼마나 존경하는지를 너무 많이 전했다는 것은 불가능한 일입니다. 그냥 불가능합니다. 전 소파에서 어머니 옆에 앉아 어머니의 손을 잡고 눈물을 흘리며 어머니가 아프셔서 얼마나 슬픈지를 자주 이야기했습니다.

- **당신은 사람들에게 놀라기도 하고 실망도 할 겁니다.** 우리 어머니의 가까운 친구 중에 몇 명은 한 번도 방문하지 않았고 심지어 전화도 별로 하지 않았습니다. 그분들은 마치 어머니의 암이 옮기라도 할까 봐 걱정하는 것 같았지요. 전 이분들이 나쁜 사람들이라고 생각하지 않습니다. 그저 상황을 다르게 다룬 것이겠지요. 반대로, 어머니의 마지막 상사는 어머니보다 스무 살이나 어리고 가정이 있는 성공한 남자였는데, 한 달에 한 번씩 비행기를 타고 날아와 어머니 곁에(15분마다 한 번씩 플라스틱 통에 어머니가 토를 하시던 자리) 앉아 있어 주곤 했습니다. 그리고 어머니와 1시간가량 대화를 나누고 나서 다시 공항으로 돌아갔습니다. 그분의 성함은 밥 퍼코위츠 Bob Perkowitz인데 성공했을 뿐만 아니라 무척 친절하기까지 한 분입니다.

- **병이 하는 짓입니다.** 우리 어머니는 치료 과정 내내 놀라울 정도로 긍정적이셨지만, 많은 사람들이 죽음에 이르면 비이성적으로 행동하거나 심지어 아주 고약하게 구는 것도 흔히 있는 일입니다. 그건 그냥 병이 하는 행동이려니 생각하십시오. 당신이 참을 수 있는 정도까지는 그냥 무시하면 됩니다.

두 아이의 아버지로서, 전 어느 정도 당신 아버지의 마음을 헤아릴 수 있을 것 같습니다. 저는 죽음에 대해 생각을 많이 합니다. 오늘 더 나은 결정들을 내리기 위해서죠. (제 생각에) 생의 마지막에 이르면 부모들은 모두 이 2가지를 간절히 바랄 것 같습니다.

1. 가족이 자신을 엄청나게 사랑한다는 사실을 확인하는 것
2. 자신의 사랑과 양육 덕분에 자식들이 사회에 보탬이 되고 만족스러운 삶을 사는 데 필요한 자신감과 기술을 갖추었다는 사실을 확신하는 것

당신이 보낸 메시지와 링크드인에 적힌 프로필을 보니 당신의 아버지는 2가지를 모두 이루신 것 같습니다. 이렇게 훌륭한 딸을 두었다는 사실은 아버지께서 편히 눈을 감으실 수 있는, 분명 큰 위안이 될 거라 생각합니다.

따뜻한 안부를 전하며,

스콧

친자식이 아닌 아이를
사랑하라

결혼한 부부의 50%가 이혼으로 끝을 맺는다. 내가 나고 자란 캘리포니아의 이혼율은 60%였다. 성장기 때 내 주변에는 새엄마와 새아빠들이 넘쳐났다.[8] 절친 애덤의 어머니는 이혼하신 후 폴이라는 잘생기고 조용한 법대생과 동거하셨는데, 보통 그는 내가 집에 돌아갈 채비를 할 때가 되어서야 입을 열었다. 그는 내가 쿨하다고 기억하는 첫 번째 남자 중 한 명이다. 그는 멋진 선글라스를 착용했으며, 커리어가 쌓이면서 닷선Datsun 260Z, 포르쉐 911, 그리고 페라리(모델명은 기억이 안난다) 등 80년대, 90년대, 2000년대에 나온 자동차 중에서 제일 멋진 차를 몰고 다녔다. 나처럼 친아버지를 2주에 한 번씩 주말에만 만나는 애덤과 그의 여동생에게 폴은 꾸준히 곁을 지켜준 남성 롤모델이었다.

플로리다에 사는 내 친구 지미 역시 새아버지가 있다. 그는 카트 레이싱을 즐기고 카리브해에서 부유층과 어울려 파티를 하던 자신의 삶을 싱글맘과 학령기인 두 딸로 이루어진, '아쿠아 엔젤스H20: just-add-water' 같은 가족과 맞바꾸었다. 그는 첫째 딸과 친해지기 위해 리얼리티 쇼 '위키드 튜나The Wicked Tuna' 시리즈에 딸을 출연시키는 등 굉장한 노력을 했고, 그 노력의 결과를 성공적으로 뽐냈다. 그는 두 소녀에 관해 이야기할 때 꼭 자신의 친딸인 것마냥 말한다…. 사실 친딸과 다름없다.

어머니와 아버지가 헤어지신 후, 내게는 린다(넘버3)라는 새어머니가 생겼다. 아버지는 4번 결혼을 하셨는데, 우리 어머니(넘버2)는 린다를 '나쁜 년'이라고 불렀다. 넘버2와 넘버3 사이에 겹치는 기간이 있었기 때문이었다(위 내용 참고: 70년대 캘리포니아). 그래서인지 어머니와 린다는 목에 칼이 들어와도 같은 시간, 같은 공간에 있지 않았다. 단 한 번도 그런 적이 없었다. 또 어머니는 아버지와 이혼하신 후 20년이 지나 내 경영대학원 졸업식 때까지 아버지와 한 방에 있기를 거부하셨다. 생각해보면 어머니는 내가 새어머니인 린다를 싫어하고 심지어 증오하게끔 말을 지어내기도 하셨던 것 같다. 하지만 문제는 린다가 내게 너무나 잘해주었고, 좋은 사람이라는 점이었다.

린다는 20대에 자식을 낳을 수 없다는 진단을 받았다. 그래서 앞니 2개가 빠진 예의 바른 8살짜리 남자애가 코듀로이 바지와 오션 퍼시픽 셔츠를 입고 눈앞에 얼쩡거리자 아이에게 폭 빠져버린 것이다. 그런 린다는 내게 나쁜 버릇을 가르친 첫 번째 장본인이기도 했다. 그녀는 나를 위해 땅콩버터 반죽을 다크 초콜릿으로 감싼 버카이 쿠키(황홀한 맛)를 구웠고 이 것은 부엌과 내외하는 영국인 워킹맘(넘버2)이 군림하는 우리 집에서는 생소한 일이었다. 일정이 맞지 않아 한 달가량 린다와 아버지를 만나지 못할 때에도 린다는 버카이 쿠키를 일일이 낱개 포장해 내게 우편으로 부쳐주곤 했다. 어느 금요일에는 내가 원하는 것을 뭐든 사주겠다며 린다는 나를 토이저러스(Toys"R"Us, 미국의 유명한 장난감 및 유아용품 상점 - 옮긴이)에 데려갔다. 통로를 돌아다니다 내 시선이 리모콘 조종 비행기에 꽂힌 것을 그녀는 귀신같이 알아챘다. 이내 린다는 나를 멈춰 세우고 어느 것을 갖고 싶은지 물었지만, 나는 너무 당황스러워 말을 할 수 없었다. 그 비행기들은 30달러나 했고, 우리 집에서 돈을 쓰는 것은 마치 범죄행위와 다름없었기 때문이었다. 그런 생각도 잠시, 내가 P-51 모델 비행기를 고르자 린다는 그것을 사주었다. 그리고 아버지와 나는 주차장으로 달려나가

몇 시간 동안이나 그 비행기를 땅에서 띄워보려고 애썼다.

얼마 지나지 않아 의사들이 틀렸다는 사실을 알게 되었다. 린다가 임신을 한 것이다. 내가 이복 여동생을 보러 병원에 갔을 때, 린다는 내게 선물을 하나 주었다. 바셋하운드 한 마리가 그려져 있고 그 아래 '나는 특별해'라고 적힌 잠옷이었다. 아랫배에 덤프트럭 한 대가 올려진 듯하고, 산도를 통해 막 동생이 나오려고 하던 때에 린다는 자신이 나를 잊지 않고 사랑한다는 사실을 알려주기 위해 짬을 내어 내 잠옷을 사러 갔다. 이처럼 어떤 사람들은⋯ 그냥 천성이 아름답게 태어나기도 한다.

대부분의 포유류는 자식을 보호하기 위해 목숨도 버릴 각오를 한다. 우리를 '인간'으로 만드는 것은 네 손가락을 마주볼 수 있는 엄지손가락뿐만이 아니라, 협력할 수 있는 능력이다. 협력은 연설, 문화, 긴 유년기 등 인간이 가진 고유한 것들에 의존해 발전한다. 인간이라는 종을 발전시키는 협력의 가장 고귀한 형태 중 하나는 생물학적 자식이 아닌 아이들을 보살피는 것이다.

나는 내 아이들과의 시간조차 즐겁게 보내지 못하는 경우가 많다. 하물며 남의 자식과 즐거운 시간을 보내본 적은 거의 없다. 인간이 자신과 비슷하지도, 닮지도 않고 냄새도 다른 아이들을 사랑하는 것은 기적과 같은 일이다. 죽음, 질병, 그리고 이혼은 많은 아이들을 편부모 가정에 남기고, 이러한 가정의 아이들 사정은 훨씬 더 안 좋아지기 마련이다. 더 나은 세상으로 향하는 가장 빠른 길은 경제성장이나 "염병할" 더 좋은 전화기[9]가 아니라, 더 많은 사람들이 친자식이 아닌 아이의 행복에 비이성적으로 관심과 열정을 갖는 것이다. 폴, 지미, 린다 같은 사람들…, 곁에 있어 주고, 쿠키를 구워주고, 형편없는 TV를 함께 봐주고, 날아오르지 못하는 비행기를 사주는 사람들이 우리를 보다 인간답게 만든다. 어머니는 떠나셨지만 이번 추수감사절에 우리 가족은 린다를 초대할 것이다. 사악하지 않은 나의 새어머니를.

자신이 가진 행운에
감사하라

최근에 나는 에이즈에 관해 고찰했다. 2017년에는 100만 명에 가까운 사람들이 에이즈 관련 질환으로 사망했고, 발견 이래 3,600만 명이 이 병에 굴복하여 목숨을 잃었다. 요약하자면, 인체면역결핍바이러스HIV는 캐나다 인구와 동일한 사망자를 냈다는 말이다.

1985년, 나는 동아리실 식당에 앉아서 과학자들이 HIV 백신과 관련해 진전을 보이고 있다는 〈LA타임스〉의 기사를 읽었다. 그것은 우리 중 누구와도 관련이 없는, 에이즈라고 불리는 이 추상적인 질병이 종식된다는 뜻이었다. 하지만 그렇지 않았다. 훗날 우리는 가까운 친구들이 HIV에 감염되어 결국 에이즈와 관련한 병으로 죽는 현실을 지켜보아야 했다.

80년대에 게이는 이상한 변태 행위였다. 그래서 당신이 호감을 느끼는, '정상'으로 보이는 사람이 게이일 거라는 생각조차 용납되지 않았다. 80년대에 UCLA에서 공개적으로 게이가 되는 것은 불가능했다. 그 사람이 얼마나 용감한지나 스스로 얼마나 떳떳한지 따위는 상관없었다. 그저 게이가 되는 것은 부자연스러운 일일 뿐이었다. 우리는 UCLA의 상징인 젊고, 건강하며 자연스러운 청춘 남녀였고, 이 그림을 망치는 것은 허용되지 않았다.

더 지독하게도 에이즈는 모든 사람을 괴롭히기 시작했다. 수년 전, 오염된 혈액이 공급되는 사고가 발생하자, 에이즈가 단지 '게이 질병'이 아니라는 것이 밝혀졌다. 대략 전국의 혈우병 환자 1만 5,000명 중 절반이 감염된 것이다. 이성애자인 사람 역시 HIV에 걸릴 수 있었다. 콘돔을 사용하지 않고 섹스를 했다가는 몇 날 며칠 동안 근심 걱정을 달고 살아야 했고, 결국 자신이 HIV에 감염되었다고 100% 믿어버리기에 이르렀다.

대니얼 카너먼Daniel Kahneman은 빠른 사고와 느린 사고라는 개념을 소개했다.[10] 빠르고 간단한 사고는 유용성을 제공하지만 이해가 부족하다. 논리적으로 심사숙고를 하는 것은 느린 사고이며 따라서 우리가 성장하고 배우는 과정은 느린 사고를 통해서 일어난다.

대학은 빠른 사고를 위한 곳이었다. 동성애자들은 '호모새끼'였고 '게이'는 약하고 부자연스러운 것을 대변하는 욕이었다. 반면 대학 졸업 후 10년 동안은 우리가 사랑했던 이들이 게이였다는 사실을 알게 되면서 느린 사고를 하는 시기였다. 그들은 우리와 마찬가지로 비슷한 비전과 문제들을 안고 있었다. 다만 한 전염병에 시달렸고, 그들의 친구들이 죽어가고 있었을 뿐이었다.

나는 내 첫 전자상거래 회사였던 아드바크Aardvark를 매각한 후, 당시의 아내와 포트레로 힐Potrero Hill에 있던 방 2칸짜리 집에서 노 밸리Noe Valley에 위치한 방 5칸짜리 집으로 이사를 했다(그 집은 현재 마크 저커버그의 집 바로 옆집이다). 나는 그 집을 팔아버린 내 자신이 정말 밉다. 그 이유로 첫째, 그 집의 가치가 현재 1,000만 달러 이상은 될 것이다. 둘째, 그 집을 팔지 않았더라면 필라Fila 운동복을 입고 우리 집 현관에 앉아서 저커버그에게 "푸틴의 노리개가 된 기분이 어떠냐?"라고 소리를 지르며 엄청난 희열을 느낄 수 있었을 것이다. 아, 잠깐 옆길로 샜다. 아무튼 우리는 가구를 사기 위해 카스트로Castro에 갔는데 곳곳에 유령이 있었다. 보는 사람이 다 고통스러울 정도로 비쩍 말랐고, 몸은 붉은 점으로 여기저기 어지

럽혀져 있는 30~40대의 남자들이 거리를 서성였다. 80세는 되어 보이는 35살의 늙은 남자들이 죽음을 향해 질주하고 있었다. 당시에는 정말 어디든, 유령이 상주해 있었다.

사람들은 죽음에 가까운 때를 축복 가득한 긴 생을 복기하는 시간으로 여기고 싶어 한다. 그것은 당신이 투자하고 수확해온 사랑을 확인하는 시간이기도 하기 때문이다. 나의 동문이자 친구였던 몇몇 남자들은 젊은 나이에 한 바이러스가 몸을 파괴한 나머지 일찍이 세상을 떠났다. 이들은 그들을 진정한 희생자가 아니라고 치부하던 사회에 살았다. 그리 오래지 않은 과거 미국에서는 백악관에 앉아 임기 8년을 마칠 동안 단 한 번도 '에이즈'라는 단어를 입 밖에 내지 않은 대통령, 레이건도 있었다.

돌아갈 곳이
있다는 것

아주 최근에 나는 20년 만에 처음으로 동문회에 다녀왔다. 내가 MBA를 받은 버클리대학교는 올해 저소득층 가정의 아이들을 전체 아이비리그 대학보다 더 많이 졸업시킬 예정인 매우 훌륭한 대학이다. 이들은 내게 강연을 요청했고, 애리조나대학교 축구팀과 동문회 친선 경기를 시작하기 전에 내 아이들과 나에게 축구장 구경을 시켜주기로 했다.

동문회는 미주리대학교의 입학사정관이 동문들을 캠퍼스로 초대하면 좋겠다고 생각한 데서 기인했다. 보통 동문회 친선 경기는 축구팀이 제일 긴 원정 경기에서 돌아온 후에 열리는데, 경쟁자를 박살냄으로써 동문들이 모교에 자부심을 느낄 수 있도록(가장 미국다운 행동이다) 일부러 상대적으로 기량이 달리는 팀과 붙는다.

나는 샌프란시스코와 버클리를 방문하면 복잡한 감정이 든다. 그때와 지금은 내 삶만 달랐던 것이 아니라…, 아내도 달랐기 때문이다. 내 인생에서 그 시간을 떠올리면 약간의 죄책감과 함께 달콤 쌉싸름한 기분이 든다. 게다가 20~30대의 청년들이 서비스형 소프트웨어와 자율주행 자동차로 세상을 '더 나은 곳'[11, 12]으로 만든답시고 작은 유럽 국가의 주가를 끌어모으기 위해 거품을 무는 빌딩들 앞에, 피폐하고 병든 노숙자들이 널브러져 있는 모습은 내 눈에 역겨운 디스토피아처럼 보인다. 그러나 이 부분에서는 나 역시 도덕적으로 깨끗하지 않다. 나는 그들 중 하나였고 여전히 그러고 있으니까(#위선자).

그런데도 내 좋은 친구 조지는 내게 동문회에 가보라고 격려했다. '이 자리까지 오는 과정 중에 만났던 사람들과 장소를 방문하고 기억하는 시간을 갖는 것'도 중요하다나 뭐라나. 내겐 이 말이 시적으로 들렸다. 이 감정은 동문회는 이미 한참 전에 전성기를 찍고 그 뒤로는 별로 이뤄낸 것이 없는 사람들이 모이는 곳이라는, 고등학교 때 형성된 나의 냉소적 관점을 일시적으로 묻어버렸다.

집으로 가는 길

내 인생에서 점점 더 탄력이 붙고 있는 것은 집으로 돌아가는 일이다. 그러던 어느 날 나는 트렉터 빔(대상을 끌어당기는 강력한 광선)을 멈추고, 제국의 타이 파이터(TIE Fighter, 스타워즈에 등장하는 우주비행선 중 하나 – 옮긴이)가 데스 스타(Death Star, 스타워즈에 등장하는 죽음의 별 – 옮긴이)의 깊은 곳에서 총을 마구 쏘아대는 것처럼 단호하고 당당하게 출장길에 올랐다. 나는… 미.션.수.행. 중이었다.

지난 7일간 보스턴, 시애틀, 샌프란시스코, 로스앤젤레스, 벤터빌, 댈러스를 돌아다니며 출간기념회를 했다. 그러나 모든 출장길의 후반부에 접어들면 어김없이 트렉터 빔이 켜진다. 전부 기억할 수 없을 정도로 할 일이 많이 남아 있고, 나는 집에서 아주아주 멀리 떨어져 있다. 그러나 집에 돌아갈 시간

이 가까워질수록 트렉터 빔의 견인력이 점점 더 강력해져서 집 쪽으로 끌려가 떨어지는 기분이 든다.

내가 느끼고 있는 이 견인력이 지금보다 더 강해질 수는 없을 것이다. 지금은 내 결함을 알아차리지 못할 만큼 어린 아이들이 순수하고 즐거운 기쁨을 만들어내기 때문이다. 이런 순수한 기쁨은 아마 손주들이 생기기 전까지 다시 맛볼 수 없을 것이다. 이 기쁨을 함께 나누는 훌륭한 파트너가 있다는 축복이야말로 최고의 성취다. 내가 가르치는 학생들은 엄청나게 많은 시간을 올바른 커리어를 선택하는 문제[13]로 고심하는데, 그것은 중차대한 결정들의 어머니라 할 수 있는, 앞으로 남은 인생을 함께 만들어갈 올바른 짝을 선택하는 일에 비하면 한참 나중 문제이다.

아이들이 생기기 전까지는 나도 잘 몰랐다. 첫째 아들이 태어났을 때 나는 L2에서 밤낮없이 일하고 있었는데, 세 블록을 걸어서 집에 와 아이를 목욕시키고 다시 직장으로 돌아가곤 했다. 집과 가까운 블록으로 접어들면 내 발걸음은 눈에 띄게 빨라졌다. 간절히 보고 싶은 사람을 보기 직전에는 도파민이 분비되는데 이때 느끼는 감정은 우리를 젊은 상태로 유지해주는 요소 중 하나이다. 그 감정은 다른 사람을 보살피고 또 다른 영혼과 함께하기를 고대하는 더 나은 내 모습에 집중하게 한다. 이런 더 나은 모습들이 합쳐지면 전체적으로 훨씬 나은 사람이 된다. 가족, 친구들, 짝, 동료들을 비롯해 우리 인간은 협력과 보살핌 덕분에 번성한다. 그런 이유로 인간의 중뇌midbrain는 사랑하는 사람과 함께하고자 할 때 행복한 감정이 언제나 우리를 덮치도록 세팅되어 있다.

나는 기내석 23열 가운데 자리에 앉아 한 손으로 타자를 치고 있다. 내 옆자리에 앉은 남자가 그의 자리보다(보통 크기) 더 크기[14] 때문이다. 형편없는 프레첼을 먹고 있지만 그래도 즐겁다. 나는 트랙터 빔을 타고…, 집으로 가는 길이다.

선택적 사랑 < 조건 없는 사랑

시장 세분화는 경영대학원에서 인기 있는 주제 중 하나다. 이 것은 거대한 동질적 시장 하나를 비슷한 욕구와 필요성을 지닌 여러 개의 집단으로 나누는 과정이다. 그다음 분류한 집단의 선호도에 맞게 상품과 가격 그리고 개념을 설계한다.

마케팅이 발전하면서 관리자들은 흑자를 내기 위해 어떻게 돼지를 분할하여 다양한 부위를, 다른 이유를 내세워, 다양한 가격에, 다른 사람들에게 팔지를 알아내야 했다. 제품이나 서비스의 차별화는, 그것이 실제든 인지된 것이든, 일부 소비자들에게 낮은 가격으로 물건을 살 기회를(21일 전 예매 및 취소 불가 조건) 제공한다. 이것은 수익을 극대화하는 데 도움이 되

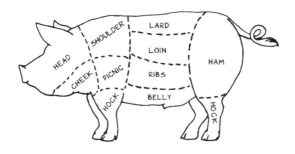

는 가격 차별의 형태이다.

분류는 점점 더 능수능란해졌다(그리고 멍청해졌다). 예를 들어 비행기의 비상구 좌석은 추가로 29달러를 내고 앉을 수 있는 '이코노미 플러스'가 되었다. 앞쪽과 더 가까운 일반석은 40달러를 더 받으면서 약 10cm'까지'의 추가 공간을 제공한다. 79달러의 추가 요금을 내고 호텔 방을 '킹'에서 2인용 소파와 테이블이 있는 '슈피리어 킹'으로 업그레이드하는 사치를 부릴 수도 있다.

우리는 자식들마저 가장 좋아하는 아이를 구분한다. 이 말이 얼마나 끔찍하게 들리는지 안다. 그러나 지각 있는 모든 독립체나 관리자가 성공하는 데에 분류가 도움이 되므로 경쟁자보다 훨씬 좋은 결과를 내기 위해 우리는 자연스럽게 구분을 한다. 또한 그에 걸맞게 자원이나 자본을 할당한다(참고: 앞서 말한 문장은 '편애'한다는 말의 현학적 표현이다. 아니면 그냥 개소리거나). 나는 제일 좋아하는 아이가 있다. 언제나 그랬다. 대부분의 부모가 그럴 거라고 생각한다. 이건 나쁜 소식이다. 좋은 소식은, 가장 좋아하는 아이가 계속 바뀐다는 것이다. 우리는 현재 내가 가장 좋아하는 아이가 누구인지를 마치 핵 발사 코드처럼 비밀에 부친다.

나는 큰아이만 월드컵 경기에 데리고 갔다. 그래서 작은 아이는 내가 자신에게 굉장한 시간을 빚지고 있다는 것을 안다. 자기 잠옷도 제대로 못 입는 아이가 무형 자본을 이해하고, "당신, 지금 뭔가 특별한 것을 빚지고 있는데?"라고 생각해 나와 소통한다는 사실은 인상적이다. 그래서 잠옷을 거꾸로 입은 작은 협상가 녀석에게 나는 "네가 원하는 건 뭐든 할 수 있어."라고 말해버렸다. 그러자 아이는 대뜸 "올랜도 유니버설 테마파크의 아일랜드 오브 어드벤처 앤 볼케이노 베이에 가고 싶어요."라고 내뱉었다. 오, 제발 그것만은 안 돼.

올랜도 테마파크

나는 테마파크 2곳에 입장할 수 있는 2일 권 티켓을 구매했다. 그러나 컴캐스트 전략 그룹은 티켓 1장당 85달러를 추가하면 줄을 서지 않아도 되는 익스프레스 패스를 선보이며 매출 총이익을 100% 더 뽑아낼 방안을 고안해냈다. 어머, 이건 사야

해! 그다음 또 10달러를 더 내면(총 95달러) '무제한' 익스프레스 패스를 살 수 있다. 이 말은 똑같은 놀이기구를 줄 서지 않고, 딱 한 번만이 아니라 수만 번을 더 타도 된다는 뜻이다. 대체 누가 이런 생각을 해낸 걸까?

그들은 시험을 해봤을 것이다. 줄을 서지 않는 대신 85달러를 낼 생각이 있는 사람이라면 거의 똑같지만 조금 더 좋아 보이는 것에 95달러도 충분히 낼 거라는 판단을 내린 것이다. 엄청나게 성공한 1% 사람들을 상대로 이제는 VIP 프라이빗 테마파크 투어도 진행한다. 이 투어에서는 가이드 한 명이 직원 전용 출입구를 통해 관람객을 데리고 다니면서 숨은 장소를 안내하고("여기가 사람들이 놀이기구를 타다가 휴대전화를 떨어뜨리면 직원들이 회수하는 곳입니다.") 하루를 책임진다. 비용은 5명 이하로 구성된 단체당 3,000달러 정도인데 놀이공원 입장료는 포함되어 있지 않다. 레크리에이션은 꽤 진지한 사업이다.

이것이 불경기 이후 소득 증가분의 85%를 거머쥔 집단(상위 1%)을 노리고 전국적으로 시행되는 전략[15]이라고 생각되는가? 분명 맞다. 우리의 경제와 가격 정책은 3억 5,000만 명의 농노들이 300만 명의 귀족을 섬기는 사회로 질주하는 중이다.

봉건사회 피라미드

옵션의 옵션의 옵션

위저딩 월드 또한 세분화의 대가였으니, 호랑가시나무로 만들어져 가운데에 봉황의 깃털 하나를 단 28cm 길이의 해리 포터 지팡이를 49달러에 판다. 하지만 잠깐, 이게 다가 아니다. 다이애건 앨리Diagon Alley의 창문에서 이 지팡이를 흔들면 지팡이는 겁나 멋진 요술을(이게 원래 지팡이의 목적이지 않은가) 부릴 수 있다. 책의 페이지가 스스로 넘어간다(페이지가 저절로 넘겨진다니, 멋지지 않은가!). 하지만 이 페이지를 넘기는 지팡이를 갖고 싶다면 '상호작용 파워'가 있는 막대를 또 59달러에 사야 한다.

시험의 날

마침내 진짜 시험의 날이 다가왔다. 닐 암스트롱과 '13일의 금요일'에 나오는 제이슨이 설계한 듯한 워터파크 볼케이노 베이에 가는 날이었다. 내 아들과 아들의 절친인 찰리(밝고 예의 바르고 겁이 없고 훌륭한 아이)가 여기 있는 기구들을 전부 다 타봐야 한다며 앞장서서 걷고 있었다. 평소 같으면 아들은 아빠의 얼굴이 공포와 두려움으로 덮인 것을 알아채고 몇몇 놀이기구들은 그냥 패스했을 것이다. 하지만 찰리는 아들에게 그런 놀이기구들도 과감하게 탈 수 있는 자신감을 준다. 키 128cm 몸무게 23kg인 8살 찰리는 무서운 놀이기구를 패스하는 애가 아니었다. 얘는 진짜 '아무것도' 무서워하지 않는다.

긴 하루의 끝에 나는 내이內耳의 기능이 이상해진 것 같아 괴로워하고 있었다. 기온이 35도나 되는 습하고 무더운 날이었다. 나는 햇볕에 심하게 탔고, 버터맥주로 인해 뱃속이 출렁이며 구역질이 났다. 곧 뇌졸중이 오거나 울음이 터질 확률이 꽤 높았다. 빠르게 집으로 돌아가고 싶었다. 하지만 다시 말하지만 자기 잠옷도 제대로 못 입는 애가 협상의 서두를 꺼냈다.

"딱 한 번 만 더 타면 안 돼요?"

나에게는 그만하면 됐으며(아빠의 상태를 보렴), 지금 돌아가면 초콜릿 한상차림을 또 먹게 해줄 거라는 보기가 있었음에도 나는 아들에게 그런 '옵션'을 팔고 싶지 않았다.

"당연히 되지."

막내는 폴란드 기술자들이 만든 8층 높이의 폴리네시아 화산 가운데에서 가차 없이 아래(시속 137km)로 떨어지는 빨대형 슬라이드인 '코오키리 바디 플런지'를 골랐다. 코오키리의 과격한 낙하에 아들은 놀란 듯했지만, 밑에서 자기를 기다리고 있는 아빠를 찾고는 안심한 듯 만족스럽기까지 한 표정을 지었다. 아이는 자신이 그걸, 그 무서운 걸 탈 수 있으며 반바지 수영복에 정장용 양말을 신은 남자가 아래에서 자신을 기다리고 있으리라는 사실을 알고 있었다. 자기를 완전히 사랑하는 사람이 기다리리라는 것을.

조건 없이 사랑하라

이 세상에 절대적인 것은 너무나 적다. 나는 경쟁 우위 이론, 다양화, 인과응보, 대중의 지혜 등이 절대적 진리라고 생각했었는데 이마저도 틀렸다는 사실이 입증되었다. 모든 투자를 통틀어 수익뿐 아니라 보람까지 느낄 수 있다고 100% 확신할 만한 절대적인 것이 한 가지 있다면 무엇일까?

스포일러 주의! 바로 사랑이다. 그러나 사랑에도 차이가 있다. 대가를 전혀 바라지 않고 누군가를 전적으로 사랑할 수 있는 상태에 경제적, 감정적, 영적으로 도달하는 것이 바로 절대적인 것이다.

우주는 발전과 번영을 택한다. 만약 우주가 모든 생명의 근원인 태양을 잃는다면, 그것은 새롭고 더 나은 태양을 탄생시키기 위한 과정을 촉발한다. 우주는 발전을 택하므로 위를 향해 자연스럽게 발전하는 장려책을 창조한다. 오랜 시간에 걸쳐 시장은 확대되고, 각 세대는 점점 더 키가 커졌다. 그 장려책이라는 진전을 보장하는 행동들에는 보람이 넘쳐서 우리로 하여금 끊임없이 먹고 섹스하고 사랑하게 만든다. 즉 우리 인류에, 지구에, 그리고 우주에 가장 중요한 진보적인 행동은 바로 조건 없는 사랑이다. 우주는 당연하게도 인간의 이러한 행위를 가장 깊은 의미와 행복으로써 보상한다. 무신론자인 나는 바로 이게 답이라고 생각한다.

삶의 유한한 속성을 인지하는 것은 축복이다. 그 사실이 우리에게 '조건 없는' 동기를 부여한다. 그것이 당신이 사랑하고, 용서하고, 목적을 이루는 데 집중하게 하기 때문이다.

PART 4

인생의 행복을 누릴 것

THE
ALGEBRA
OF
HAPPINESS

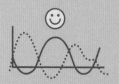

건강을
지켜라

헨리 S. 로지Henry S. Lodge 박사의 말처럼 우리는 수렵채집인
이며 다른 사람들에게 둘러싸여 있고 움직일 때 가장 행복하
다. 앞서 언급했던 대로, 당신의 성공을 꽤 잘 가늠해볼 수 있
는 지표는 다른 사람들이 땀 흘리는 모습을 보는 시간(스포츠
중계 시청) vs. 당신이 직접 땀 흘리는 시간의 비율이다.

몸짱이 되어보자는 것이 아니다. 그저 정신적으로나 신체적
으로 강해지도록 힘쓰자는 말이다. 성공한 CEO들의 가장 큰
공통점은 규칙적으로 운동을 한다는 것이다. 아무 회의실이나
걸어 들어가서 최악의 상황이 발생할 경우, 방에 있는 사람들
을 다 죽여 씹어 먹을 수도 있다고 생각하면 카리스마와 자신

감이 생긴다(참고: 진짜 이렇게 하지는 마시길).

정기적으로 직장에서 신체적 그리고 정신적 힘, 즉 투지를 보여주어라. 한 주에 80시간 일하고, 스트레스 앞에서 평화로운 사람이 되고, 중대한 문제를 완전히 짐승 같은 힘과 정열로 공격하라. 사람들은 금세 알아챌 것이다. 모건 스탠리에서 애널리스트들은 매주 한 번씩 밤샘 작업을 했다. 그렇게 해도 죽지 않는다. 오히려 더 강해질 수도 있다. 당장이 아니라 나이가 들어서는, 이렇게 일했다가 진짜로 죽을 수도 있다. 그러니 지금 해라.

188센티미터, 85킬로그램

나는 성장기 내내 끔찍이도 말랐었다. 그래서인지 현재 내 키와 몸무게, 그리고 체력이 내가 집중할 수 있는 힘의 원천이라고 믿는다. UCLA에 막 입학했을 때 키는 지금보다 살짝 더 컸지만 몸무게는 62kg밖에 나가지 않았다. 조정팀에 합류하고 하루 세끼를 잘 먹게 되자(우리 동아리의 요리사 잔느 덕분이었다) 13kg 정도의 근육이 붙었다. 체중이 늘고 얼마 지나지 않아 여자들이 나를 알아보기 시작했고, 이건 정말이지 기분 째지는 일이었다. 그때 이후로 나는 힘과 근육을 신랑감으로서의 가치와 연관 지어 생각하게 되었다. 현재는 근력이 줄어

들고 있는데도 안전과 가치를 보장해줄 만한 다른 대안을 찾지 못해 걱정이다. 요즘 나는 이 노화문제와 싸우고 있다.

작은 일에 목숨 걸지 마라
뭐, 큰일도 마찬가지고

나이가 들면서 내 기분, 심장박동, 혈압을 점점 더 의식하게 된다. 최근에 나는 런던에서 열린 창립자 포럼(기업가와 창립자들을 위한 콘퍼런스)에 참석했다. 도착하고 나서야 내가 본회의에서 연설을 하는 것이 아니라, 동시에 진행되는 2개의 세션 중 하나에서 연설을 한다는 사실을 알게 되었다. 같은 시간에 진행되는 경쟁 연설자는 중국의 차량 호출 서비스 기업 디디추싱의 사장 리우 칭Jean Liu이었다. 상황은 더 안 좋았다. 리우의 강연은 '호박실'에 예정되어 있었는데, 내가 강연하는 '삼나무실'보다 더 컸다. 그 즉시 내 안의 날카로운 목소리가 이건 심각한 불공정 대우라고 외쳤다.

이런 유의 강연은 꽤 오랜만이고 이 행사는 최근에 참석한 행사 중 가장 멋진 자리였다. 나는 쫄쫄 굶은 채로 오후 2시에 도착했다. 최근에 스트레스를 좀 많이 받았는데 나는 스트레스를 받을 때면 먹는 것을 까먹기 때문이다. 어지럼증이 몰려오기 시작해서 무대에 오르기 7분 전에 사과 1개와 라테 2잔을 연거푸 먹었다. 그리고 무대에 올라서 청중을 향해 계속해서 소리를 질러댔다. 30분 동안 무려 슬라이드 143장을 보는 내내 소리 지르기를 멈추지 않은 것이다! 20분 정도가 지났을까, 음향 시스템에서는 피드백을 보내왔고 내 몸은 조기심실수축PVC, 즉 불규칙한 심장박동 신호를 보내오기 시작했다. 내 조기심실수축의 나쁜 점은 그게 불규칙할 뿐만 아니라 내가 그 증상을 느낄 수 있다는 것인데, 이점은 나를 공포에 질리게 했다. 피드백과 조기심실수축과 200명의 사람들이 나를 올려다보고 있는 상황 때문에 심장 박동은 훨씬 더 빨라졌다. 나는 애써 '무대에서 쓰러져 죽으면 최소한 유튜브 조회수는 어마어마하겠군'이라는, 밝은 생각을 하면서 진정하려고 했다.

나이가 드니 중요한 일과 하찮은 일을 분리할 수 있으며 작은 일들에 연연하지 않는다…는 문장은 개뻥이다. 시차로 인한 피로나 숙취와 마찬가지로, 스트레스의 영향은 나이가 들면서 오히려 더 악화된다. 마흔까지의 내 모습을 묘사하자면 마리화나에 취한 몽유병 환자였다. 그것은 나름의 장점이 있었다(어떤 일에도 미친 놈처럼 굴면 되니까). 나이가 들면서 생각이 점점 더 깊어지는 것의 문제는, 다시 말해 개똥 같은 일로 고심한다는 것이다. 먹을 음식이 없거나 병마와 싸우는 등, 어려움을 겪고 있는 수십억 명의 사람들에 비하면 내 인생은 수월한 편이지만, 그럼에도 불구하고 스트레스를 받는다.

탈선

지난 5년 동안 약 400번 강연을 했는데, 나는 그 시간 중 1% 정도는 모두 탈선을 한다. 초조해지고 땀이 나고 목소리가 떨리기 시작한다. 나는 산소를 들이마시기 위해 침을 꿀떡 삼키는데 곧 토를 하고 쓰러질 것 같은 기분이다. 뮌헨에서 열린 디엘디(DLD, 디지털 라이프 디자인 – 옮긴이) 콘퍼런스에서 '네 기수The Four Horsemen'라는 주제로 강연을 했다. 이 강연은 꽤 화제가 되어(교수가 한 강연치고는) L2에서는 책 계약이 성사되고, 전화문의가 빗발치고, 회사의 인지도가 증가하는 등 굉장히 좋은 일들이 무더기로 진행되었다.

이제 나는 디엘디 콘퍼런스에서 매년 개회사를 한다. 그런데 디엘디15에서, 난데없이…, 그 증상이 도졌다. 나는 거의 무대에서 기절할 뻔했고 30초 동안 양손으로 무릎을 잡고 기대어 있어야 했다. 디엘디에 참석했던 친절한 사람들은 내가 심장 발작을 일으키고 있다고 확신하여 나를 병원에 데려가려고 했다. 다행이었다. 그건 그렇고, 그 강연은 유튜브에서 조회수 110만 건을 기록했다. 발작이라거나, 탈선이라거나 하는 댓글은 거의 없었다. 유튜브 시청자들에게는 쓰러지기 일보 직전이었던 내 상태가 확실히 덜 느껴졌나 보다. 이것은 당시에는 엄청 중요한 문제 같아도 실제로 보이는 것만큼 그렇게 좋거나 나쁜 상황은 없다는 것을 보여주는 또 다른 사례이다.

한 가지 경우를 더 예로 들자면, 나는 폭스 방송에 출연하여 트럼프 대통령이 아마존을 공격한 것에 관해 토론할 예정이었다. 방송대기 중에 최근 대통령에게 임명된 수석 경제 보좌관 래리 커들로Larry Kudlow도 함께 출연할 것이라는 안내를 받았다. 나는 초조해지기 시작했고 내 옷차림에 신경이 쓰였다. 나는 (후드 한 벌을 포함하여) 옷장에 있는 옷을 몽땅 껴입고 나온 듯한 차림이었다. 무려 7겹이나 입고 있었다.

투쟁-도피 반응fight-or-flight이 발동하기 시작했다. 나는 어떻게 이 초조함을 떨쳐버릴지 이리저리 전략을 짜보았다. "그래, 한잔해야겠어…. 그럼 좀 안정될 거야." 많은 임상의사들이 이런 사람을 알코올중독이라 부른다. 어쨌든, 그때 내가 제일 가까운 술집으로 달려가 맥주를 한두 잔 들이켜지 않은 건 완전히 알코올중독으로 추락할 것 같은 두려움 때문이 아니라, 미드타운에서 아침 9시 45분에 혼자 맥주를 마시고 있는 모습을 누군가에게 들킬 가능성 때문이었다. 나는 술을 마시지 않았고, 괜찮았다. 한동안 협심증 치료제를 복용했었는데 그 덕에 치료가 된 것 같다.

나는 강연을 하기 위해서라도 앞으로는 어떠한 물질에도 의존하고 싶지 않다. 물론 스스로 5대 영양소라 부르는 '불면증 치료제, 카페인, 발기부전 치료제, 치폴레, 대마초'는 빼고.

만약 유신론자였다면 나의 이런 '발작'을 하나님께서 내가 별로 쿨한 사람은 아니라는 사실을 상기시켜주시는 중이라고 생각할 수도 있을 것이다. 하지만 무신론자인 나는 이것이 공황발작이라고 확신한다. 무엇이 이유인지는… 절대 알아내지 못하겠지만.

울어라

우는 것에는 어쩌면 진화적인 목적이 있을 수 있다. 그건 항복의 표시이자(내게 하는 짓을 멈춰주세요) 주위 사람들로부터 공감을 끌어내고 부모가 자식의 위치를 알아내는 데에도 도움을 주기 때문이다. 아기들에게는 한바탕 울어재끼는 것이 과한 흥분을 멈추고 마음의 평안을 되찾는 방법일 수 있다. 미국의 소아과 의사인 하비 카프Harvey Karp 박사는 아기의 울음을 달래는 방법으로 '5S 시스템'을 개발했다. 5S 시스템은 감싸주기Swaddle, 옆으로 또는 엎어서 눕히기Side-stomach position, 쉬소리내기Shush, 흔들어주기Swing, 빨기Suck로 궁극적인 목적은 엄마의 자궁 안을 흉내 내는 것이다(이 방법은 정말 끝내준다.

아기들이 그렇게 진력나지만 않다면 나는 애가 없는 친구들에게 5S를 인상 깊게 소개하기 위해 셋째를 가져볼까 심각하게 고민했을 거다). 또한 우는 행위는 처리하기 어려운 감정의 후폭풍인 스트레스를 해소하는 것에도 도움이 된다. 옛말에 남자는 태어나 3번 운다고 하는데, 그것은 아마도 운다는 것에 '항복'의 의미가 내포되어 있기 때문이리라.

패트리지 패밀리

내 기억에 나의 '첫울음'은, 그러니까 진짜로 엉엉 울었던 것은 9살 때였다. 어머니가 아버지와 나를 버리고 집을 나가셨던 것이다(어머니는 2주 뒤에 나를 데리러 오셨다). 나는 금요일 저녁 8시 반에 아버지와 함께 '패트리지 패밀리' 녹화방송을 보고 있었다. 우리는 1970년대 미국 중산층이 누리는 사치의 절정이라 할 만한 수건 재질의 주황색 가운을 맞춰 입고 소파에 앉아 있었다. 이 럭셔리한 가운은 회사가 주최한 골프 경기 대회에서 아버지가 전리품으로 받아오신 것이었다. 아버지는 내게 주시려고 제일 작은 사이즈를 낚아채 오셨지만, 9살인 내게 여전히 몇 치수는 더 컸다. 화려한 색상의 부드러운 가운의 가슴께에는 초록색 필기체로 '페블 비치'라고 새겨져 있었고, 그 아래에는 빨간색 깃발 모양이 수놓아져 있었다. 나는 페블 비치가 어디에 있는지는 몰랐지만, 귀빈들이 거기서 골프를 친다는 것은 알았다. 그것은 우리 아버지가 중요한 사람이라는 뜻이었다.

나는 2주 전에 벌어진 거지 같은 상황을 알지 못했는데도 갑자기 감정이 격해졌다. 그래서 터키산 면 텐트를 뒤집어쓰고 걷잡을 수 없이 흐느끼기 시작했다. 한 30분 정도를 실컷 울었다. 아버지는 당황하셔서 계속 "정말 미안하구나. 내가 뭐 해줄 것이 없을까?"라고 물으셨다. 나는 "없어요, 그냥 너무 슬퍼요."라고 대답했다. 그것이 그 일에 관해 우리가 처음으로 나눈 진짜 속마음이었다.

34살부터 44살까지 거의 10년간은 우는 능력을 상실했었다. 이혼했을 때도, 어머니가 돌아가셨을 때도 울지 않았다. 그냥 어떻게 우는지를 잊어버렸던 것 같다. 나는 일 중독자이고 일 때문에 스트레스를 엄청나게 받으며, 성공에 내 정체성과 가치를 과도하게 걸었다. 그럼에도 일 때문에 운 적은 결코 없다. 정말로 몇 번이나(아니 수백 번은) 충분히 울 만한 이유가 있었지만…. 하지만 40대 중반 이후로 뭔가 이상해졌다. 나는 항상 운다. 이것은 좋은 반응이다.

눈물에는 2가지의 경우가 있다. 슬퍼서 우는 것은 슬픔에 젖어 뒤를 돌아보거나 겁에 질려 앞을 바라보는 일이다. 반면 행복해서 우는 것은 영원할 것 같은 순간에 대한 반응으로, 아주 행복하고 영원과 같은 현재 상황에 얼어붙는 것이다.

여유를 가지고 현재를 즐기려고 노력한 덕에 내가 최근에 흘린 눈물들은 감사하게도 후자였다. 친구들과 보내는 시간, 아이들과 함께하며 시간을 멈추고 싶었던 순간들, 그리고 영화나 TV를 보면서(주로 이거다) 바로 그 순간에 갇혀버리는 듯한 느낌이 들 때다. 드라마 '모던 패밀리Modern Family'의 에피소드 중 적어도 3분의 1은 내 눈물로 범벅됐을 것이다. 특히 출장이나 여행 때문에 비행기를 탈 일이 있으면 이상하게 감정을 주체하지 못한다(비행기에서 영화 '글래슨'은 보지 마시라).

또한 점점 더 자주, 강의 중에 20대 후반밖에 되지 않은 학생 170명 앞에서 목이 멘다. 예전에는 나이를 먹을 만큼 먹은 사람이 앳된 학생들 앞에서 운다는 것이 창피해 속으로 평정심을 유지하라고 다그치며 꾸역꾸역 참곤 했다. 그러나 나이가 들수록 우리는 좀 더 있는 그대로의 자신에 가까워진다. 그렇게 나는 적나라하게 나의 감정을 드러내고 거기서 오는 부수적인 피해를 감당하는 일에 점점 더 편안해지고 있다.

이것은 스스로 배우고 얻은 것이다. 나이가 들고 내게 주어진 시간이 한정되어 있다는 사실을 깨달으면 내가 무언가를 느끼는 순간, 그 자체를 즐기며 시간을 멈추고 싶어진다. 대부분의 우울증은 슬픈 상태가 아니라, 아무것도 느끼지 못하는 상태에서 온다. 우는 것, 특히 사랑하는 사람들과 함께 있을 때나 사랑하는 사람들을 생각하며 우는 것은 기쁜 감정으로 건강에 좋다. 그런 생각만으로도 나는 눈물이 샘솟는다.

조화로운 인생의
아름다움

우리 가족, 그러니까 아버지, 여동생, 나는 평균적인 미국인들의 정서를 기준으로 보면 그다지 가깝지 않다. 함께 바비큐를 해 먹거나, 매일 전화를 한다거나, 같이 운동 경기를 보러 다니지도 않는다. 그러나 나는 가깝게 지내기보다 조화롭게 지내기를 택할 것이고…, 우리는 꽤 조화롭게 산다. 친구들을 보면 가족과 엄청 가깝게 지내지만 이리저리 가족 내에 문제가 많아 엉뚱한 이유로 지치는 경우가 허다하다. 우리 셋은 서로 신경을 많이 쓰지 않아도 되고, 극적인 일도 없으며, 그저 서로의 삶에 첨가제와 같이 살아간다. 서로를 사랑한다는 사실 외에 예상치 못한 보너스는, 우리가 서로를 존중하면서 잘 지낸다는 점이다.

지난 20년간 몇 년에 한 번씩 우리는 아버지가 무척 좋아하시는 카보Cabo에 갔다. 그러나 이번에는 훨씬 더 힘들었다. 아버지 연세가 88세이시고 최근에 몸무게가 부쩍 줄어드셨기 때문이다. 다리 근육들이 위축되어 걷는 게 많이 불편하시기도 하고. 우리 아버지는 절대로 늙지 않을 것 같던 '그런 남자'였기 때문에 아버지가 돌아다니기 위해 도움을 받아야 한다는 것은 무척 당황스러운 일이었다. 아버지가 가장 애지중지하는 물품 중 몇몇은 10km 마라톤 경주에서 몇 번이나 아버지 연령대인 50대 그룹에서 1등을 하고 받아오신 메달들이다. 아버지는 특히 시상대에서 담배 한 대를 피우시며 승리를 축하하고 있는 사진을 좋아하신다.

내 여동생과 나는 18살 이후로 매주 3번 이상 운동을 했다. 우리의 골초이자 10km 메달리스트인 아버지는 우리에게 10대 때부터 꾸준한 운동을 요구했는데, 그 습관이 아직도 몸에 남아 있다. 나와 여동생 역시 언젠가는 걸을 때 누군가의 도움을 받아야겠지만, 아버지 덕분에 우리는 그날을 몇 년 더 늦게 맞이할 것이다.

우리의 모든 여행의 하이라이트는 셋이 바닷가에서 저녁을 먹으며 술을 마시는 시간이다. 대화는 불가피하게 아버지의 전 부인들(3명), 여동생의 전 남자친구들(시원찮은 놈들), 그리고 내 노이로제(어마무시함)로 향한다. 이 소재들은 그 자체로는 전혀 재미가 없지만, 마르가리타 몇 잔에 곁들이면 모두 기똥차게 재미있어진다. 아주. 그냥. 미친 듯이 재미있다.

나이가 들어 세포들이 죽게 되면, 누구나 100% 신체적, 인지적 장애를 갖는다. 우리는 여행의 대부분을 앉아서 보냄으로써 앉아 있는 동안에는 88세의 아버지(경고: 엄청 웃기심)가 자신의 나이를 잊게 해드렸다. 그리고 이것은 인지적 장애(기억)보다 신체적 장애(다리)가 먼저 시작되는 게 낫다는 사실을 분명하게 보여준다.

돌보는 사람이 되어라

타인을 돌보는 사람들은 다른 어떤 집단보다 오래 산다. 당신이 사랑으로 보살핀 사람들의 수는 당신이 얼마나 오래 살지에 대한 가장 강력한 지표이다. 많은 남자들이 그렇듯, 나 역시 많은 사람을 그리 열심히 보살피지 못했다. 아이들과 시간을 많이 보내긴 하지만, 아이들을 주로 돌보는 사람은 엄마다. 내가 돌보는 것이라곤, 프리미어리그 하이라이트를 같이 보거나, 아이들을 히바치 식당에 데리고 가고, 알렉사에게 스타워즈에 관한 질문을 하는 것이(절대 안 질린다) 전부다. 아버지를 모시고 카보와 호텔에 왔다갔다한 것이 어머니 병간호 이후로 내가 해온 가장 현실적인 돌봄이다.

누군가를 돌보는 행동에 대한 혜택은 쉽게 주어진다. 바로 보람이다. 돌봄은 그 일에 집중하게 하고, 체계적이어야 하며 (뇌 건강의 핵심), 목적(이 경우 아버지가 넘어지지 않게 하는 것)이 있음을 느끼게 한다.

나는 아버지께 이제는 공항에서 휠체어 서비스를 받아야 할 때라고 말씀드렸고 아버지는 그것을 쿨하게 받아들이셨다. 심지어 득도한 사람처럼도 보였다. 아버지는 휠체어를 타고 보안 검색대를 통과하면서 반대편의 금속 탐지기 앞에서 모두가 견뎌야 하는 뻘짓들을(어느 가방이 내 가방이지? 내 신발이 어디 있지? 제기랄…, 기내용 가방에 전자담배가 있었다고요? 등등) 신경 쓰지 않아도 된다는 것에 안도하신 듯했다. 우리 앞에는 2살짜리 여자아이가 유모차에 타고 있었다. 아이는 우리 아버지처럼 여기저기에서 치이는 일에 도가 트지 않은 모양인지 소리를 마구 질러댔다.

우리 모두 과거, 그리고 미래에 유모차와 휠체어에 신세를 진다. 집을 나서 모험을 떠날 적에 사랑하는 사람들과 함께하기 위해 우리는 '들것'에 실린다. 기동성은 너무나 멋진 힘이어서 우리는 그것을 앞으로 밀고 멀리 나아간다. 어린아이가 종종 그렇듯 그 작은 소녀는 그 유모차가 보살핌의 증거라는 사실을 알지 못해 화가 나 있었고, 우리 아버지는 보살핌에 만족하고 계셨다.

현재에
집중하라

현재 가장 빠르게 증가하고 있는 인구는 100세 이상의 노년이다. 어떻게 하면 100살까지 살 수 있을까? 간단하다. 좋은 유전자를 타고나고, 건강한 라이프스타일을 유지하고, 다른 사람들을 사랑하면 된다. 생존에 관한 한 사랑하는 것이 최고다. 사람들은 유전이 제일 중요한 요소라고 믿고 싶어 한다. 그래야 '주사위는 이미 던져졌으니까.'라며 스스로를 학대하는 책임을 회피할 수 있기 때문이다. 그러나 그렇지 않다. 거기에는 x인자x factor가 있다. x인자란 아무 이유 없이 비극을 가져올 수 있는 우리의 통제 밖에 있는 요소들이다.

햄튼에서 처음으로 여름 별장을 사용할 때 나는 2명의 여성과 별장을 공유했다. 아기 엄마였던 한 여성은 쌍둥이로 태어났는데, 공교롭게도 쌍둥이 자매 2명이 모두 40대 초반에 암으로 세상을 떠났다. 한 명이 죽고 1년도 채 되지 않아 다른 한 명이 죽었다. 이처럼 우리는 죽을 때가 아닌 사람들이 죽는 것과 같이, 나이가 들수록 더 많은 x인자를 만나게 된다. 그 결과 우리는 다른 알고리즘을 조정하기 시작한다.

내일 vs. 오늘

스탠포드대학교 월터 미셸Walter Mischel 교수는 작은 보상을 제공하면서 아이들을 대상으로 만족 지연 연구를 했다. 마시멜로 하나를 주고 아이를 혼자 남겨둔 후에 주어진 마시멜로를 먹지 않고 참으면 나중에 마시멜로를 하나 더 주는 것이었다. 이 연구는 참여한 아이들을 추적 관찰했고, 첫 번째 마시멜로를 먹지 않고 기다리는 규범을 따랐던 아이들이 훗날 인생에서 훨씬 더 성공했다는 사실을 밝혀냈다.

우리 교육 시스템과 문화는 아이들이 만족을 지연할 줄 아는 사람이 되도록 기르는 데 초점을 맞춘다. "이 순간을 좀 더 즐기란 말이야!" 하고 소리를 지르는 부모는 거의 없다. 하지만 나이가 들어가면서, 그리고 x인자를 더 많이 만나게 되면 '왜 더 괜찮은 내일을 만들자고 오늘 이렇게 안간힘을 쓰면서 죽도록 스트레스를 받아야 하지? 다음 날도 어차피 똑같이 스트레스받을 텐데? 내일의 보상이 오늘이 되는 건 도대체 언제야!'라는 의문이 든다.

나는 순간을 더 즐기려고 '절실히' 노력하고 있는데 언젠가부터 이게 진짜 노력이 필요한 일이라는 것을 알게 되었다. 아이들과 함께 있지 않은 한 말이다. 이 녀석들은 진짜 오늘만 생각하는 존재들이다…. 보통은 그 순간 자기가 원하거나 필요한 것에만 집착한다.

최근에 런던 출장행 비행기가 출발 지연된 적이 있다. 나는 기다리는 동안 여기저기 전화를 돌리고, 이메일을 읽고, 일을 하기 시작했다. 그러다가 문득 이런 생각이 들었다…, '제기랄, 알게 뭐람!' 나는 곧장 면세점으로 가서 훈제 햄 한 덩어리를 샀다(로마에선 로마법을…). 그리고 바에 가서 필스너 한 잔을 시키고 소음 차단 헤드폰을 끼고 캘빈 해리스Calvin Harris의 노래를 귀가 쩌렁쩌렁하게 울리도록 들으며 훈제 햄을 먹었다. 나는 돼지고기를 사랑한다. 흰 살코기라 해도 무방한 이 고기를 365일 삼시 세끼 먹을 수도 있을 것 같다.

나는 '그 순간을' 완전히 즐기며 탑승구로 향했다. 으리으리한 유리문들을 지나쳐 걷고 있는데… 앞 편에 탑승구들은 보이지 않고 수화물 벨트만 덩그러니 있었다. 이런 염병. 어떻게 그랬는지 몰라도 나는 방금 터미널과 보안 구역을 지나친 것이었다. 교통안전국 직원이 지키는 돌아올 수 없는 지점을 걸어서 지날 때 왠지 모를 거부감이 드는 데에는 다 이유가 있다. 만약 이런 경우에 처했다면 그들은 당신을 다시 들여보내 주지 않을 것이다. 내가 보증한다. 한순간에, 나는 비행기를 놓치고 말았다. 완전히 몰입하여 즐겼던 그 한순간 때문에.

우리는 모두 균형을 추구한다. 그게 최적의 상태니까. 한쪽은 나 자신과 가족과 다른 이들을 위해서 더 나은 미래를 펼칠 수 있도록 만족을 미루는 것. 다른 쪽은 현재에 몰입하여 만족하는 것. 어느 쪽에도 당신에게 의지하고 있는 사람들이 있기 마련이니, 비행기를 너무 많이 놓쳐서는 안 될 것이다. 그러나 가끔은 x인자에 엿을 한 방 날려주면서 돼지고기에 집중하고 비행기를 놓치는 일도 의미가 있다.

나쁜 놈이
되지 않기

최근에 나는 정신과 마음의 건강에 대해 생각해왔다. 카메라에 잡힌 아이들과 강아지들이 매력적인 이유는 이들이 100% 진실하기 때문이다.

아이들은 TV에서 아빠가 제일 좋아하는 프로그램이 방영되는 동안 아빠 위에 누워버리는 것이 부적절하거나 환영받지 못하는 행동일 거라고 걱정하지 않는다. 자식들의 애착은 어마어마하게 보람차다. 목적, 기대, 꾸밈이 없는 원초적인 행동이기 때문이다. 단지 자신이 사랑하고 자신을 사랑하는 사람인 당신의 온기를 느끼고 당신과 더 가까이 있고 싶은 자연스러운 욕구의 표현이다.

우리 집 첫째는 같이 세차하자는 내 제안을 거절하고 몇 분 뒤에 태연하게 피파온라인(축구 게임)을 함으로써 이 태도가 진실에서 우러나온 것임을 명확히 보여준다. 어제는 우리 집 7살짜리가 자기는 웨니스(아들이 자기 팔꿈치 바깥쪽을 부르는 이름이다. 우리 팔꿈치가 아니다)를 만질 때와 강아지들을 볼 때 '사랑을 느낀다.'고 말했다. 절대로 동생 말에 동의한 적이 없는 형은 그 말이 마치 우주 진리인 양 고개를 끄덕였다.

학교, 규율, 그리고 가정교육은 대부분 아이들이 자신의 선 안에 머물고, 감옥에 가지 않고, 다른 사람과 잘 어울리고, 올바른 방향으로 향하는 계획을 세울 수 있도록 필터를 구성하는 일에 관한 것이다. 10대 아이들은 부모 주위에서 부모가 하는 모든 말을 걸러내고 부모가 하는 모든 행동에서 흠집을 찾아내는 데에 도사가 된다. 어른이 되어가면서 우리는 데이트에서, 대학에서, 직장에서 필요한 필터를 더 많이 개발한다.

그런데 나이를 먹을수록 필터에 틈이 생기는 것을 그냥 놔두거나, 때로는 틈이 더 많이 벌어지게 하기도 한다. 반대로 내가 자라오면서 개발한 필터들(말과 행동을 더욱 진실하게 유지하는 것)을 상대방에게 들이밀면서 자유와 카타르시스를 느끼는 경우도 있다. 예를 들어, 나는 직장에서나 서비스직을 수행하는 사람들을 만날 때, 내가 가진 필터를 확장하여 적용하곤 한다. 기대했던 서비스나 직무의 기준, 택시 요금의 수준에

부합하게 일하지 못하는 사람들에게 나는 실로 놀라울 정도의 열린 자세를 보여왔다(직설적이고 건설적인 피드백은 소중하니까).

그들을 향한 나의 '피드백'은 끊임없이 주어지는 선물(이거나 아니거나)이었다. 예를 들어, 내게 룸서비스를 갖다주는 데에 40분이 걸린 웨이터(분명 연봉 4만 달러로 세 아이를 키우고 있을)에게 언제나 빠르게 '당신은 너무 늦었습니다.'라는 것을 상기시켜준다. 또는 내가 자정까지 일할 예정이라면, 24살짜리 부하 직원도 응당 그렇게 하길 바란다.

물론 전자에게는 후한 팁으로 보상한다. 그러나 그것은 (선의가 아니라) 내가 당했던 경험으로부터 나온 행동이다. 나는 고등학생 때부터 대학생 때까지 웨이터, 주차요원, 식당 보조 같은 일을 줄기차게 하면서 학업을 마쳤다. 그래서 모든 서비스직 근로자에게서 과거의 내 모습을 본다. 그러나 팁을 25%나 준다고 나쁜 놈이 되는 권한까지 가질 수 있는 것은 아니다. 나는 이것을 고치기 위해 노력 중이다.

어렸을 때부터 내 주변에는 성공한 사람들이 굉장히 많았다. 대부분은 일을 통해서 알게 된 사이지만, 개인적으로 알고 지내는 사람들도 꽤 있었다. 나쁜 놈의 분포 범위는 활모양에서 찾아볼 수 있다. 성공을 열망하는 부류(생계를 꾸리기 위해 애쓰는 사람들)는 보통 착하고 기대치가 높지 않다. 그게 경제

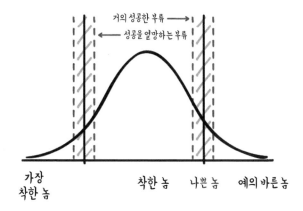

거의 성공한 부류 →

← 성공을 열망하는 부류

가장
착한 놈

착한 놈   나쁜 놈   예의 바른 놈

적 안정 상태에 도달하지 못하여 생긴 겸손함인지, 상대를 잘
못 골랐다가 화를 당할지 모른다 두려움 때문인지, 그 사람의
가치관인지, 아니면 이 부류에서는 많은 이들이 서비스업에
종사하므로 그냥 반사적인 행동인지 모르겠다. 거의 성공한
부류는(성인이 된 후로 내 인생에서 가장 많은 시간을 보낸 곳) 나
쁜 놈 측정기에서 두각을 나타내는 경향이 있다. 태생이 금수
저가 아닌 탓에 생긴 불안감과 분노가 자신이 얼마나 대단한
사람인지를 강조하려는 헛된 기대와 행동들로 나타나기 때문
이다.

　내가 아는 한 최고로 성공한 사람들은 보통 더 착하고, 더
관대하며, 전반적으로 예의가 바르다. 영화나 TV 속에 등장하
는 못된 억만장자는 주로 만화 속 등장인물일 뿐이고 애니메
이션의 한 장면일 뿐이다. 나는 관대함과 매너를 성공의 표시

이자 근원이라고 생각하고 싶다. 그러나 매너는 다음과 같은 이유와도 상관관계에 있는 것 같다.

첫째, 억만장자들은 잃을 게 더 많다. 당신이 우버 CEO인데 우버 드라이버 한 명에게 나쁜 놈이 되었다가는 수십억 달러의 손해를 볼 수도 있다(실제로 그런 일이 있었다).[1] 둘째, 당신이 받은 축복들을 돌아보고 조금 덜 나쁜 놈이 되기 위한, 안정적인 시간을 많이 갖는다. 나이가 드는 것의 장점 중 하나는 어떤 필터들이 갱신되는 동안에("내가 진짜 저 사람을 혼내줘야 할까?") 다른 필터들이 줄어들고, 다른 사람들을 칭찬하는 게 더 쉽고 자연스러워진다는 점이다.

다른 사람을 칭찬하라

나는 신이 존재하지 않는다고 100% 확신한다. 적어도 방송에서 모건 프리먼이 보여주는 모습의 신 같은 것은 없다. 하지만 나는 기도한다. 목표를 써 내려가는 것만으로도 목표를 달성할 가능성이 커지는 것처럼, 감사하는 자세는 건강에 큰 도움이 되고 기대수명도 늘린다는 것이 입증되었다.[2] 심리학 연구에서도 감사하는 마음은 훨씬 큰 행복과 연결된다는 사실이 밝혀졌다. 감사하는 마음은 사람들이 더 긍정적인 감정을 느끼고, 삶에서 경험하는 일들을 즐기고, 건강이 좋아지고, 역경에 대처하고, 끈끈한 관계를 형성하는 데 도움이 된다.

당신이 열망하는 일들을 적고 감사히 여기는 모든 것을 분명히 표현하는 것도 기도의 한 형태이다. 나는 다른 사람과 함께 있을 때 더욱 헌신적으로 기도한다. 이것은 내 목표를 더욱 투명하게 전하고 그것에 감사를 표하는 것이다. 또는 다른 사람이 얼마나 인상적인지에 대해서 더 자주, 구체적으로 표현할 수도 있다. 어렸을 때는 다른 남자들을 칭찬하는 게 어쩐지 제로섬 게임같이 느껴졌다. 그들의 업적과 재능을 인정하면 내 것을 빼앗기는 것 같았다(이런 속 좁은 녀석).

내게는 아이들과 보내는 시간과 운동이 효과적인 항우울제 역할을 했다. 나는 세 번째 형태의 기도를 전보다 더 많이 하고 있다. 바로 인정과 존경이다. 이건 자선 활동과 다르다. 다른 사람들을 칭찬할수록 내가 중요한 사람이며, 건강하고, 자신감 넘치는 사람이라는 기분이 들기 때문이다. 갈 길이 아직 멀다. 내 오랜 불안감은 여간해선 사라지지 않으니까.

대체로 선한 마음을 품고 있지만 행동으로 옮기지 못하는 경우가 많다. 심지어 타인에 대한 감탄과 좋은 생각들이 마음속의 아주 큰 창고에 가득 차 있는데, 불안감과 두려움이라는 필터에 걸려서 나오지 못하기도 한다. 하지만 그 댐이 터지지 못하게 막을수록 스스로 수명을 단축시키고, 현재 누릴 수 있는 기쁨을 덜 누리게 된다는 것을 명심해라.

인생에 절대적인 것은 너무나 적다. 그중 하나는 장례식에서 "그이는 너무 관대했고, 너무 친절했으며, 지나치게 사랑이 넘쳤어."라는 말을 빠짐없이 들을 수 있는 사람은 아무도 없다는 사실이다. 절대로. 아무도 없다.

중독적인 삶과
기쁨이 되는 것들

쥐가 지렛대를 누를 때마다 간식을 주면, 예상대로 쥐는 배가 고플 때마다 지렛대로 돌아올 것이다. 그러나 보상을 다양화하기 시작하면, 예를 들어 몇 번은 지렛대를 눌러도 달콤한 간식을 주지 않다가 지렛대가 눌린 후 세 번 정도 간식을 주면, 그 쥐는 계속 지렛대 주위를 맴돌며 통제할 수 없을 정도로 지렛대를 눌러댈 것이다. 무작위의 예측 불가능한 보상이 중독의 핵심 요소이다.

나는 트위터 중독이다. 아니, 좀 더 정확하게는 '좋아요'에 중독된 것 같다. 하지만 중독에 공짜는 없다. 이 선정주의가 만연한 공간에서 진실의 추구를 설파한(모든 교수들이 해야 할

일) 후에는 어쩐지 공허하고 조금 한심한 기분까지 든다. 나는 왜 트위터에서까지 54세의 마케팅 교수인가? [3]

슬롯머신 손잡이

우리는 자신도 모르는 사이 매일 슬롯머신의 손잡이를 잡아 당긴다. 8살인 우리 집 막내는 보통 우리 방으로 비틀거리며 들어와서 완전히 깨기 전까지 마지막 1시간가량 잠을 잔다. 단 3분 안에 몹시 근사했던 상황이 너무나 끔찍하게 돌변해버리는 몇 가지가 있다(아마도 헤로인?). 예를 들어, 아들이 내게 몸을 누이면 나는 완전한 존재가 되면서…, 세상 모든 것이 이치에 들어맞는 기분이다. 그렇게 내가 중요한 사람이라는 사실을 인지한 채 다시 잠으로 빠져든다. 그러나 중요한 사람이건 아니건 간에 3분 뒤에 내 연수(延髓, 척수와 연속되는 뇌의 뒷부분 - 옮긴이)가 나를 깨운다. 25kg짜리 살덩이 때문에 거의 질식 상태에 이르렀기 때문이다. 나는 얼른 막내의 살덩이를 내 가슴에서 치워내야 한다. 안 그러면 죽고 말 테니까. 그리고 내 생각에는, 아니 바라건대, 죽은 아빠의 몸 위에서 잠이 깬 아들은 평생 상처를 안고 살아갈 것이다. 이 아이디어는 홀마크 채널(Hallmark Channel, 미국 텔레비전 방송사 - 옮긴이)에 파는 것이 좋겠다. 아이고, 또 옆길로 샜다.

이제 아들이 일어난다. 아들의 감각이 스위치를 켜고 일 처리를 시작하자 엄마와 아빠는 도파민이 가득한 상태로 기대를 품고 앉아 있다. 아이는 기이할 정도로 부스스한 머리를 해서는 주위를 둘러본다. 인지의 바퀴들이 돌아가는 소리가 웡웡 들리며, 그날이 가져올 새로운 세상을 흡수하는 중이다. 그리고 오늘이 좋은 날이 될지 판단한다. '저기 봐, 저기에 아빠가 있잖아. 아빠는 나를 사랑해, 나도 아빠를 너무나 사랑하지. 다시 아빠한테 뛰어올라서 15초 동안 꼼짝 않고 누워 행복을 방출할 거야.' 그러고 나서 아들은 벌떡 일어나 자신의 절친인 형을 찾으러 아래층으로 내려간다.

아니면, 이것이 도파민의 핵심인데, 식별할 수 있는 패턴이 없을 때 아이는 오늘은 뭔가 기분이 별로일 거라 느낀다. 3초 안에 그 의심은 확실해진다. 그렇다. 분명 오늘은 세상의 선한 것을 모조리 위협하는 악마의 힘이 도사리고 있으며, 아이는 맹렬하게 나쁜 태도를 무기로 휘두른다.

아이는 사탄의 자식처럼 생떼를 쓰며 '축구 연습 꼭 가야 해요?', '아침밥 대신 곰 젤리 먹어도 돼요?' 같은 질문을 던지며 싸움을 걸어온다. 그렇게 되면 그날의 남은 시간은 인질극 같은 상황으로 변한다. 이런 상황에서 나는 아이들을 훈육하는 일이 용납될 뿐 아니라 훌륭한 양육법으로 인정받던 옛 시절을 그리워한다. 그러다가 난데없이… 아이언맨 잠옷을 입은

이 테러리스트 녀석은 내 옆에 딱 달라붙어 앉아 내 머리를 문지르며 재미있다는 듯 웃으면서, 내게 할머니에 대한 질문들을 퍼붓기 시작한다. "할머니랑 아빠랑 닮았어요? 아빠는 큰 집에 살았어요?"

　비디오 게임 외에도 우리 아이들은 도파민을 분비시키는 다른 순환의 고리를 개발하고 있는데 그것들이 눈앞에서 펼쳐지는 것을 보면 흥미롭다. 지난 주말 막내는 안방으로 오더니 엄마와 아빠 사이에 자리를 잡고 누웠다. 나는 아들이 커다랗고 둥근 물체를 잡고 있는 것을 보고 그게 앵그리버드 봉제 인형이라고 생각했다. 나는 아들의 손에서 그 물체를 빼내었고 그 동그란 물체에 숫자 '8'이 쓰여 있는 것을 보았다. 아들은 '매직 8볼'을 갖고 있었고 그 공을 안고 잠들었다. 다음 날 아침에 나의 '홀마크 채널용' 아들은 전지전능한 매직 8볼에게 가장 중요한 질문들을 해봐야 한다고 주장했다.

질문: "아빠의 머리카락이 다시 자랄까?"

답: 전망이 좋지 않음(우리 8살짜리 꼬마가 이걸 얼마나 재밌어 했는지 설명하기가 어렵다).

질문: "엄마가 피파온라인 게임을 사줄까?"

답: 지금은 말해주지 않는 게 좋겠음.

3일 내내 우리 아들은 매직 8볼을 들고 돌아다녔다. 임의적인 보상과 피드백에 중독된 것이다.

예측 불가능하고, 즉시 피드백을 주고, 다양하게 보상하는 것에 더하여 인류가 유지될 수 있도록 유전적인 성향까지 물려받은 아이들은 부모에게 중독적인 물질이 된다. 나는 한 주의 대부분을 아이들과 떨어져 뉴욕에서 보내는데, 목요일 즈음이면 초조하고 울적해져서 치료제가 절실해진다.

음식, 섹스, 그리고 아이들. 우리는 인간이라는 종의 생존을 위해 기본적인 것들에 중독되도록 만들어졌다. 우리 아이들은 엄마와 아빠가 중독적인 물질로 자신들의 도파민을 폭발시켜 주지는 않았어도, 자양분이 되어 주었다는 사실을 언젠가 깨달을 거라고 믿는다. 예측 가능하게도 우리는 항상 여기에 있다. 우리는 무슨 일이 벌어져도 아이들을 사랑하게 되는 가장 확실한 존재이며, 다른 어떤 관계에서보다 변함없이 이 사랑을 전한다.

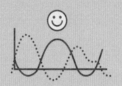

결국은
관계가 전부다

우리 어머니는 베스트 프렌드인 카슨 에반스Karsen Evans 여사를 오렌지카운티에 있는 ITT 회사의 비서실에서 만나셨다. 카슨은 재미있고 활발했으며 앤 마그렛Ann-Margret을 빼다 박은 듯 아름다웠다. 그녀는 인쇄 업체 사장인 성공한 기업가 찰리와 결혼했다. 카슨과 찰리 부부는 어머니의 소중한 친구였다. 어머니와 아버지가 헤어지신 후에도 어머니는 이 부부와 친하게 지내셨다.

당시 이 부부는 거대한 저택에 독일제 자동차, 모피 코트를 가지고 있었고, 카슨은 인디언 머리와 금빛 독수리가 새겨진 10달러짜리 동전 24개를 연결한 금 고리 벨트를 찼다. 카슨과

찰리는 이전에 내가 한 번도 마주친 적도 없고 알지도 못했던 부류였다. 그들은 '부자'였다.

그들은 아이가 없었고, 근사한 사람들을 초대해 흠뻑 취하는 흥겨운 파티를 열곤 했다. 그 파티에는 찰리의 지인이 리드 싱어를 맡고 있는 밴드가 라이브로 공연을 했고, 사람들은 그 음악에 맞춰 춤을 추었다. 그들은 한마디로 '쿨한' 사람들이었다.

언젠가 찰리는 고등학생이었던 나를 자기 회사로 데리고 가서 점심을 사주었고 나는 그때, 일에 대한 감각과 돈을 번다는 것이 어떤 의미인지 깨닫기 시작했다. 나는 '일'을 금화와 라이브 음악을 듣는 멋진 사람들, 그리고 아름다운 대저택에 연관 지었다.

찰리는 시대에 앞선 사람이었다. 그는 혼돈의 시대를 예측하고 조판을 대신할 컴퓨터 기술에 과감하게 투자했다. 하지만 그 기술은 실용적이지 못했고 엄청난 비용을 들여 회사의 전체 운영체계를 바꿔야만 했다. 2년도 못 되어 30년을 지켜오던 회사는 파산했고, 찰리와 카슨은 쫄딱 망했다. 많은 결혼

생활이 그렇듯, 재정적인 어려움은 파멸을 초래한다. 카슨은 찰리에게 이별을 고했다.

곧 당시에 '신경 쇠약'이라고 불리던 병명으로 병원에 입원했다. 당시에는 '우울증'이라는 표현이 거의 쓰이지 않던 시절이었다. 병원에서 퇴원한 후, 찰리는 하겐다즈 아이스크림이 떨어졌다며 카슨을 식료품점에 보내놓고, 카슨이 나가자마자 창고로 간 뒤 앤틱 소총에 총알을 넣고 가슴을 향해 방아쇠를 당겼다. 그의 장례식에는 400명쯤의 조문객이 찾아왔다. 그는 사랑받고 있었다. 100명이 넘는 사람들이 나란히 서서 울던 모습과 그의 장성한 세 아들이(첫 번째 결혼에서 낳은 자식들) 주체할 수 없이 흐느끼고, 허벅지 높이까지 올라오는 가죽 부츠를 신은 카슨이 사람들을 따뜻하게 맞이하던 모습이 기억난다.

찰리가 세상을 떠난 직후, 카슨은 허리 수술을 몇 번 받았는데 수술이 잘못되어 마약성 진통제인 아편양제제Opioid에 중독되었다. 카슨과 어머니는 계속 친한 친구로 남으셨다. 앞에서 말했듯이, 어머니가 편찮으실 때, 카슨은 어머니 집 현관 앞에 예고 없이 불쑥 나타나 베스트 프렌드를 돌보러 왔다고 말하곤 했다. 그녀는 샌디에이고에서 라스베이거스까지 차를 몰고 왔다. 나는 카슨의 연노랑색 스포츠카에서 그녀의 짐을 내렸다. 가짜 루이비통 가방 2개, 몰티즈 개 한 마리, 1리터짜리 조니워커 레드 위스키 7병.

어머니의 병세가 심각해지자, 카슨은 어머니의 샤워와 옷 갈아입히기 등, 내가 할 수 없는 일들을 도맡아 어머니를 보살폈다. 그녀는 매일 밤 우리를 위해 인스턴트 피자를 만들어주었고 30대의 일꾼들을 유혹하기도 했다(어머니의 집이 골프 코스에 있었다). 그리고 사흘이나 나흘에 1병씩 스카치위스키를 비웠다. 생각해보니 이 계산에 따르면, 카슨은 우리 어머니가 살아계실 날이 한 달 정도 남았다고 추측했던 것 같다. 그 정도면 가져온 위스키가 다 떨어질 시간이었으므로.

어머니가 돌아가신 후, 카슨은 내게 한 번씩 자기를 보러 와주지 않겠느냐고 부탁했다. 나는 한 달에 한 번씩, 6개월 정도 전화를 걸었지만, 그 후에는 더 이상 전화를 하지 않았다. 내 문제들을 처리하느라 너무 정신이 없어서 우리 어머니가 죽어갈 때 어머니를 샤워시켜준 분에게 전화조차도 걸지 못했던 것이다. 어쩜 이렇게 이기적인지….

2년 후 카슨이 죽었다는 연락을 받았다. 진통제를 받으러 갈 차편을 구하지 못해서 심각한 금단 증세를 겪었고, 그러다 심장이 멈추었다고 한다. 그녀의 유산 관리 변호사는 내가 그녀의 유일한 상속자라고 전했다(이 말을 엄청 관대하게 건넸다). 나는 여전히 내가 받을 만한 것보다 더 많은 사랑을 받고 있었다. 마치 투사통(Referred pain, 실제 자극이 있었던 곳에서 멀리 떨어진 부위에서 느끼는 통증 – 옮긴이)처럼, 이것은 우리 어머니가 어딘가에서 보여주신 사랑 덕분이었다.

나는 카슨에게 그 금빛 독수리 벨트를 상속받았고, 세상의 끝이라고 느껴지는 혹독한 현실을 마주하게 될 경우를 대비해 그것을 보관하기로 했다. 자동차를 얻어 타고 아이다호까지 가서 금 동전들을 총과 버터로 교환하고 남의 집 지하 벙커에 숨어 몇 날 며칠을 보내게 될 수도 있지 않겠는가. 앞일은 절대 모르니까.

나는 그 벨트를 숨겨두었는데, 그다지 좋은 생각이 아니었다. 나는 굳이 숨겨두지 않은 물건들도 3분의 1은 못 찾았다. 어느 날 친한 친구 애덤이 내가 준 옷장 서랍에 모조 액세서리 같이 촌스러운 금색 벨트가 있던 것을 알고 있었느냐고 물었다. 그때까지 몇 년 동안 나는 그 동전 벨트를 까맣게 잊고 있었다. 나는 애덤에게 그건 모조가 아니고 아마 수만 달러의 가치는 될 물건이라고 말해주었다. 애덤의 13살짜리 아들이 그걸 걸치면 래퍼처럼 보인다며 매일 그 벨트를 목걸이로 차고 중학교 1학년 교실로 등교하고 있다고 했다(결국 애덤은 벨트를 돌려주었다).

카슨과 찰리 부부는 내가 알던 사람 중에 세상을 다 가진 것 같은 정말 대단한 사람들이었지만, 둘 다 쓸쓸하게 홀로 죽었다. 어머니의 유일한 친구였던 카슨은 중독자였다. 찰리는 마음의 병이 너무 심해서 가족의 사랑을 느끼지 못했다. 나 또한 그런 부류의 중독자가 되었다. 나는 사람들의 인정(참고: 트위터)과 직업적인 성공에서 딸려 오는 경제적 안정에 중독되었다. 그 벨트를 볼 때마다 나는 관계야말로 내가 남기고 갈 모든 것이고, 내가 가진 전부이자 가장 중요한 것이라는 사실을 떠올린다. 그리고 마지막 순간을 대비해 관계에 투자해야겠다고 다시금 다짐한다.

당신만의 천국을 찾아라

지난주, 7살인 아들이 "천국이 뭐예요?"라고 물었다. 나는 7살짜리에게 무신론으로 가는 지도를 쥐여줄 준비가 안 되어서, 아들에게 천국이 뭐라고 생각하는지 되물었다. 아들은 "죽고 나서 가족과 함께 있기 위해 가는 곳이요."라고 답했다. 나는 무신론자이고, 전지전능한 존재라는 개념은 비이성적인 것이라고 생각한다. 하지만 나이가 들고 좀 더 성숙해지자, 본래 아무것도 없었는데 그냥 폭발해버렸다는 우주에 대한 설명 또한 비이성적이기는 마찬가지라는 사실을 깨달았다.

우리 막내는 최근에 잠드는 데 어려움을 겪고 있다. 그래서 나는 아들과 함께 머릿속을 비우기 위한 명상을 하고 일련의 스트레칭과 운동을 한다. 아들은 내가 집에 있는 밤이면 언제나 자기 머리를 비워달라고 부탁한다. 우리는 단계별로 그 과정을 해나가고, 나는 검지로 아들의 이마부터 코, 입술, 그리고 턱을 지나 목젖 부분까지 그으며 명상을 마친다. 아들은 잠에 빠져들고 깨어났다가 내가 옆에 있는 것을 확인하고, 몸을 뒤집어 바깥쪽 다리와 팔을 내게 걸치고, 다시 잠에 빠져든다. 그 순간, '이 모든 것'은 일리가 있다. 나는 내 가족과 함께 있고, 가족들을 보호하고 있으며, 강하고, 영원하고, 불멸하는 존재다. 현대적이고 세속적인 세상과는 아무런 관련이 없는 것들로 나의 가치를 평가하는 저 아이가 나를 원한다. 나는 가족과 함께 있으며, 사랑받고 있고, 평화롭다.

나는 죽으면 사후세계에 간다는 것을 믿지 않지만, 우리가 이 세상에 있는 동안에도 천국에 갈 수는 있다고 믿는다. 죽음이 가까워지면, 나는 내 아이들과 아내가 옆에 누워서 내 머리를 비워주고, 팔과 다리로 나를 감싸주었으면 좋겠다. 내겐 이게 천국이다. 다른 것은 아무것도 필요 없다. 나는 조금 일찍 천국에 닿을 것이다.

감사의 말

....

이 책을 위해 우리 패거리가 다시 뭉친 건 정말 의미 있는 일
이었다. 에이전트 짐 리바인Jim Levine은 대체로 나를 잘 구슬
리며 한결같이 지지와 영감을 보내준다. 편집자 니키 파파도
풀로스Niki Papadopoulos는 강하면서도 부드러운 사람이라 분
명 다음 생에는 수의사로 태어날 것이다. 이번 생에는 내 작품
이 제대로 진행되도록 계속 나를 도와주었다.

동료 캐서린 딜런Katherine Dillon은 내가 직업적으로 믿고 의
지할 수 있는 굳건한 사람이며, 카일 스캘런Kyle Scallon은 내 개
념들이 실체를 갖추도록 저녁마다, 주말마다 시간을 내어 도
와주었다. 4개 국어를 하는 인재 마리아 페트로바Maria Petrova

는 나의 모국어이자 구사할 수 있는 유일한 언어가 훨씬 수월
하게 여행을 할 수 있도록 도와주었다.

그리고 비타Beata, 매일 우리 집에 행복과 기쁨을 가져다주
는 사람, 고맙고 사랑한다.

Part 1 인생 경제학

1. 크리스토퍼 잉그레이엄Christopher Ingraham, "Under 50? You Still Haven't Hit Rock Bottom, Happiness-wise." *Wonkblog*(blog), *Washington Post*, August 24, 2017. https://www.washingtonpost.com/news/wonk/wp/2017/08/24/under-50-you-still-havent-hit-rock-bottom-happiness-wise.

2. 내게 임상 우울증을 다룰 만한 전문 지식이 있는 것은 아니다.

3. 제니퍼 코헨Jennifer Cohen, "Exercise Is One Thing Most Successful People Do Everyday." *Entrepreneur*, June 6, 2016. https:// www.entrepreneur.com/article/276760.

4. 앤쏘니 카니발Anthony P. Carnevale, 타마라 자야순데라Tamara Jayasundera, 아템 걸리쉬Artem Gulish, *America's Divided Recovery: College Haves and Have-Nots*, Georgetown University Center on Education and the Workforce,

2016. https:// cew.georgetown.edu/cew-reports/americas-divided-re-covery.

5. 파락 칸나Parag Khanna, "How Much Economic Growth Comes from Our Cities?" World Economic Forum, April 13, 2016. https:// www.weforum.org/agenda/2016/04/how-much-economic-growth-comes-from-our-cities.

6. 에미 마틴Emmie Martin, "Here's How Much Money You Need to Be Happy, According to a New Analysis by Wealth Experts." CNBC Make It, November 20, 2017. https://www.cnbc.com/2017/11/20/how-much-money-you- need-to-be-happy-according-to-wealth-experts.html.

7. 미하이 칙센트미하이Mihaly Csikszentmihalyi, "Flow, the Secret to Happiness." Filmed February 2004 in Monterey, CA, TED video, 18:55. https:// www.ted.com/talks/mihaly_csikszentmihalyi_on_flow.

8. 피터 하프너Peter Hafner, "The Top 3 Benefits of Investing in the Markets Early." Active/Passive, CNBC, September 12, 2017. https://www.cnbc.com/2017/09/12/the-top-3-benefits-of-investing-in-the-markets-early.html.

9. 매일1초 홈페이지, https://1se.co.

10. 올리버 슐케Oliver Schüulke, 조츠나 바가바툴라Jyotsna Bhagavatula, 린다 비질런트Linda Vigilant, 줄리아 오스트너Julia Ostner. "Social Bonds Enhance Reproductive Success in Male Macaques." Current Biology 20(December 21, 2010): 2207–2210. https://bit.ly/2vvjq95.

11. 리즈 미네오Liz Mineo, "Good Genes Are Nice, but Joy Is Better." Harvard Gazette, April 2017. https://news.harvard.edu/gazette/story/2017/04/over-nearly-80-years-harvard-study-has-been-showing-how-to-live-a-healthy-and-happy-life.

12. 에이미 노튼Amy Norton, "People Overestimate the Happiness New Pur-

chases Will Bring." HealthDay.com, January 25, 2013. https://consumer.
healthday.com/mental-health- information25/behavior-health-news-56/
people-overestimate-the-happiness-new-purchases-will-bring-672626.
html.

13. 데이브 모셔Dave Mosher, "Holding a Baby Can Make You Feel Bodacious-
ly High—and It's a Scientific Mystery." *Business Insider*, November 15,
2016. https://www.businessinsider.com/baby-bonding-oxytocin-opi-
oids-euphoria-2016-10.

14. 리사 파이어스톤Lisa Firestone, "Forgiveness: The Secret to a Healthy Re-
lationship." *Huffington Post*, October 15, 2015. https://www.huffpost.
com/entry/forgiveness-the-secret-to-a-healthy-relationship_b_8282616.

15. 캐서린 램펠Catherine Rampell, "Money Fights Predict Divorce Rates."
Economix (blog), *New York Times*, December 7, 2009. https:// economix.
blogs.nytimes.com/2009/12/07/money-fights-predict-divorce-rates.

Part2 성공을 위해 지불할 것

1. 램 투이 보 Lam Thuy Vo, "How Much Does It Cost to Raise a Child?"
Wall Street Journal, June 22, 2016. http://blogs.wsj.com/econom-
ics/2016/06/22/how-much-does-it-cost-to-raise-a-child.

2. 레베카 피쉬바인Rebecca Fishbein, "It Could Cost You $500K to Raise a Child
in NYC." *Gothamist*, August 19, 2014. http://gothamist.com/2014/08/19/
condoms_4life.php.

3. 제니 앤더슨Jenny Anderson, 레이첼 옴Rachel Ohm, "Bracing for $40,000 at New
York City Private Schools," *New York Times*, January 29, 2012. http://
www.nytimes.com/2012/01/29/nyregion/scraping-the-40000-ceiling-at-
new-york-city-private-schools.html.

4. 마이클 폴런Michael Pollan, *How to Change Your Mind: What the New Science of Psychedelics Teaches Us About Consciousness, Dying, Addiction, Depression, and Transcendence*. New York, Random House, 2018.

5. "Get Your Sh** Together: NYU Professor's Response to Student Who Complained After He Was Dismissed from Class for Being an Hour Late Takes Web by Storm." *Daily Mail*, April 14, 2013. https://www.dailymail.co.uk/news/article-2308827/Get-sh-t-NYU-professors-response-student-complained-dismissed-class-hour-late.html.

6. "#67 John Malone." *Forbes*, January 15, 2019. https://www.forbes.com/profile/john-malone/#349608415053.

7. 칼 리처드Carl Richards, "Learning to Deal with the Impostor Syndrome." *Your Money* (blog), *New York Times*, October 26, 2015. https://www.nytimes.com/2015/10/26/your-money/learning-to-deal-with-the-impostor-syndrome.html.

8. 다니엘 페이지Danielle Page, "How Impostor Syndrome Is Holding You Back at Work." *Better* (blog), NBC News, October 26, 2017. https://www.nbcnews.com/better/health/how-impostor-syndrome-holding-you-back-work-ncna814231.

9. 스테파니 보자Stephanie Vozza, "It's Not Just You: These Super Successful People Suffer from Imposter Syndrome." *Fast Company*, August 9, 2017. https://www.fastcompany.com/40447089/its-not-just-you-these-super-successful-people-suffer-from-imposter-syndrome.

10. 스콧 갤러웨이Scott Galloway, "Enter Uber." *Daily Insights*, Gartner L2, June 16, 2017. https://www.l2inc.com/daily-insights/no-mercy-no-malice/enter-uber.

11. 알렉스 순뷔Alex Sundby, "Bank Execs Offer Head-Scratching Answers." CBS News, January 14, 2010. http://www.cbsnews.com/news/bank-ex-

ecs-offer-head-scratching-answers.

12. 제프리 클레인탑Jeffrey Kleintop, "Where's the Next Bubble?" *Market Commentary* (blog), Charles Schwab, July 10, 2017. https://www.schwab.com/resource-center/insights/content/wheresthe-next-bubble.

13. "5 Steps of a Bubble." *Insights* (blog), Investopedia, June 2, 2010. http://www.investopedia.com/articles/stocks/10/5-steps-of-a-bubble.asp.

14. "Brad McMillan: Similarities Between 2017 and 1999," June 30, 2017, in *Your Money Briefing*. Podcast, MP3 audio, 5:55. http://www.wsj.com/podcasts/brad-mcmillan-similarities-between-2017-and-1999/0EB5C970-1D74-4D6C-A7C8-1C8D7D08EC8B.html.

15. "25 Best Paying Cities for Software Engineers," Glassdoor. https://www.glassdoor.com/blog/25best-paying-cities-software-engineers.

16. 스콧 갤러웨이Scott Galloway, The Four. New York: Portfolio, 2017. https://www.penguinrandomhouse.com/books/547991/the-four-by-scott-galloway.

17. 샘 구스틴Sam Gustin, "Google Buys Giant New York Building for $1.9 Billion." *Wired*, December 22, 2010, https://www.wired.com/2010/12/google-nyc.

18. "An Insight, an Idea with Sergey Brin." Filmed January 19, 2017, in Davos-Klosters, Switzerland. World Economic Forum Annual Meeting video, 34:07. https://www.weforum.org/events/world-economic-forum-annual-meeting-2017.

19. 스콧 갤러웨이, "Silicon Valley's Tax-Avoiding, Job-Killing, Soul-Sucking Machine." *Esquire*, February 8, 2018.

Part 3 관계에 투자할 것

1. 로리 홀먼Laurie Hollman, PhD. "When Should Children Sleep in Their Own Beds?" *Life* (blog), *HuffPost*, November 3, 2017. https://www.huffpost.com/entry/when-should-children-slee_b_12662942.

2. "SIDS and Other Sleep-Related Infant Deaths: Expansion of Recommendations for a Safe Infant Sleeping Environment." *Pediatrics* 128, no. 5, November 2011. http://pediatrics.aappublications.org/content/128/5/1030?sid=ffa523b4-9b5d-492c-a3d1-80de22504e1d.

3. 매리엔 머레이 부에크너Maryanne Murray Buechner, "How to Parent Like the Japanese Do." *Time*, July 17, 2015. http://time.com/3959168/howtoparent-like-the-japanese-do.

4. 마크 그린Mark Greene, "Touch Isolation: How Homophobia Has Robbed All Men of Touch." Medium, August 7, 2017. https://medium.com/@remakingmanhood/touch-isolation-how-homophobia-has-robbed-all-men-of-touch-239987952f16.

5. 대처 켈트너Dacher Keltner, "Hands On Research: The Science of Touch." *Greater Good*, September 29, 2010. https://greatergood.berkeley.edu/article/item/hands_on_research.

6. 스콧 갤러웨이, "L2 Predictions Instagram Will Be the Most Powerful Social Platform in the World." November 26, 2014. L2inc video, 1:24. https://www.youtube.com/watch?v=9bF9PF0Yvjs&feature=youtu.be&t=43.

7. 샤흐람 헤시마트Shahram Heshmat, PhD. "Why Do We Remember Certain Things, But Forget Others?: How the Experience of Emotion Enhances Our Memories." *Psychology Today*, October 2015. https://www.psychologytoday.com/blog/science-choice/201510/why-do-we-remember-certain-things-forget-others.

8. 데이비드 와이팅David Whiting, "O.C. Divorce Rate One of Highest in Nation." *Orange County Register*, June 25, 2012. http://www.ocregister.com/2012/06/25/oc-divorce-rate-one-of-highest-in-nation.

9. 스콧 갤러웨이, "Cash & Denting the Universe." *Daily Insights*, Gartner L2, May 5, 2017. https://www.l2inc.com/daily-insights/no-mercy-no-malice/cash-denting-the-universe.

10. 대니얼 카너먼Daniel Kahneman, *Thinking, Fast and Slow*. New York: Farrar, Straus and Giroux, 2011.

11. https://qz.com/563375/all-the-philanthropic-causes-near-and-dear-to-the-hearts-of-mark-zuckerberg-and-priscilla-chan.

12. 마이크 허닥Mike Hudack, "San Francisco: Now with More Dystopia." *Mike Hudack* (blog). October 1, 2017. https://www.mhudack.com/blog/2017/10/1/san-francisco-now-with-more-dystopia.

13. 스콧 갤러웨이, "Prof Galloway's Career Advice." August 31, 2017. L2inc video, 3:54. https://www.youtube.com/watch?v=1T22QxTkPoM&t=5s.

14. 크리스토퍼 엘리엇Christopher Elliott, "Your Airplane Seat Is Going to Keep Shrinking." *Fortune*, September 12, 2015. http://fortune.com/2015/09/12/airline-seats-shrink.

15. 케리 클로스Kerry Close, "The 1% Pocketed 85% of Post-Recession Income Growth." *Time*, June 16, 2016. http://time.com/money/4371332/income-inequality-recession.

Part 4 인생의 행복을 누릴 것

1. 에릭 뉴커머Eric Newcomer, "In Video, Uber CEO Argues with Driver Over Falling Fares." *Bloomberg*, February 28, 2017. https://www.bloomberg.com/news/articles/20170228/in-video-uber-ceo-argues-with-driver-

over-falling-fares.

2. 하버드 헬스 퍼블리싱Harvard Health Publishing. "Giving Thanks Can Make You Happier," Healthbeat. https://www.health.harvard.edu/healthbeat/giving-thanks-can-make-you-happier.

3. https://twitter.com/profgalloway.

옮긴이 **박수성**

연세대학교 정치외교학과를 졸업하고 성균관대학교 대학원에서 번역학 석사학위를 받았다. 대학 졸업 후 금융권과 영자신문사를 거쳐 현재 번역에이전시 엔터스코리아에서 전문 번역가로 활동하고 있다. 《구글이 목표를 달성하는 방식 OKR》, 《우리는 왜 일하는 가》, 《싱크 심플》, 《저커버그 이야기》, 《어떤 사람이 최고의 자리에 오르는가》 외 다수의 책을 우리말로 옮겼다.

스콧 교수의 인생 경제학

2020년 10월 28일 1쇄 발행 | 2020년 11월 20일 3쇄 발행

지은이 스콧 갤러웨이
옮긴이 박수성
펴낸이 김상현, 최세현   **경영고문** 박시형

책임편집 김다인   **디자인** 필요한 디자인
마케팅 양봉호, 양근모, 권금숙, 임지윤, 조히라, 유미정
디지털콘텐츠 김명래   **경영지원** 김현우, 문경국
해외기획 우정민, 배혜림   **국내기획** 박현조
펴낸곳 (주)쌤앤파커스   **출판신고** 2006년 9월 25일 제406-2006-000210호
주소 서울시 마포구 월드컵북로 396 누리꿈스퀘어 비즈니스타워 18층
전화 02-6712-9800   **팩스** 02-6712-9810   **이메일** info@smpk.kr

쌤앤파커스(Sam&Parkers)는 독자 여러분의 책에 관한 아이디어와 원고 투고를 설레는 마음으로 기다리고 있습니다. 책으로 엮기를 원하는 아이디어가 있으신 분은 이메일 book@smpk.kr로 간단한 개요와 취지, 연락처 등을 보내주세요. 머뭇거리지 말고 문을 두드리세요. 길이 열립니다.